Aprende a utilizar tu

MÁQUINA DE COSER

Una completa guía para principiantes sin conocimientos previos

Alison McNicol

Primera edición: 2015 por Kyle Craig Publishing

Diseño e ilustraciones: Julie Anson

ISBN: 978-1-908707-74-1

2015 Traducido por Almu Jiménez

Una publicación de Kyle Craig

www.kyle-craig.com

Tu máquina de coser y tú

Empecemos a coser

Proyectos

Introducción

Bienvenido a **Aprende a utilizar tu máquina de coser: una completa guía para principiantes sin conocimientos previos.**

La popularidad del arte de la costura se ha visto muy incrementada en los últimos años y, como pasa con el ganchillo y el punto, ya no se considera un pasatiempo de "persona mayor". Toda una nueva generación de chicas jóvenes (e incluso hombres) están descubriendo lo divertido que puede llegar a ser colocarse delante de una máquina de coser, añadir hilo y una tela bonita, y poder crear algo interesante.

Este libro va dirigido a principiantes sin conocimientos previos, así que no te preocupes si nunca has utilizado una máquina de coser con anterioridad. Las ilustraciones y fotos del libro lo explican todo claramente y son muy fáciles de seguir, ¡antes de que te des cuenta la tendrás dominada!

He seleccionado una bonita serie de proyectos que son lo bastante sencillos como para que principiantes absolutos puedan llevarlos a cabo en poco tiempo; irás aprendiendo de ellos conforme avances en el libro. Seguro que encuentras un proyecto que te inspire y te haga ilusión abordar, ya estés deseando confeccionar accesorios para tu hogar, fabricar regalos para amigos o reciclar y hacerte tu propia ropa.

Bueno, pues... ¿a qué esperas? ¡Comienza a leer, sigue los pasos indicados y prepárate para descubrir lo sencillo que es manejar una máquina de coser!

¡Que disfrutes cosiendo!
Un abrazo,

Alison x

Elementos básicos para coser

Es buena idea buscar un sitio donde tenerlo todo junto. Puede ser desde una clásica caja de madera hasta un sofisticado costurero o una vieja caja de galletas. Los artículos detallados a continuación son los elementos básicos que necesitamos para comenzar. Una vez que te "enganches" a la costura descubrirás que hay un montón de accesorios sueltos y complementos que puedes añadir a tu colección.

Descosedor: Cuenta con un pequeño gancho afilado que te ayuda a descoser costuras o hilvanados. ¡Agradecerás tenerlo cuando cometas algún error con la máquina de coser!

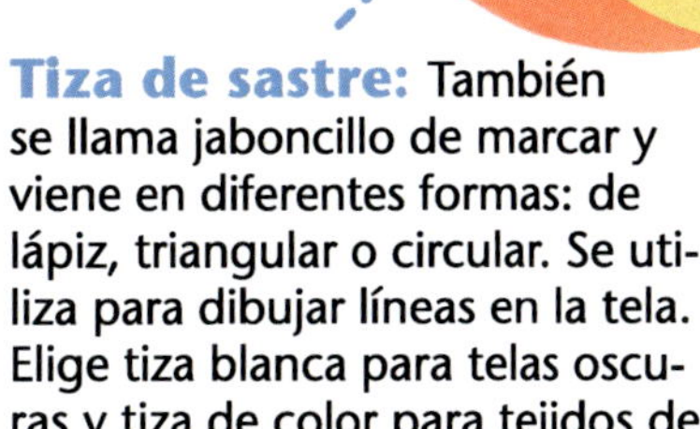

Tiza de sastre: También se llama jaboncillo de marcar y viene en diferentes formas: de lápiz, triangular o circular. Se utiliza para dibujar líneas en la tela. Elige tiza blanca para telas oscuras y tiza de color para tejidos de color claro o estampados.

Cinta métrica: Es fundamental tener una cinta métrica para medir la tela o cualquier otra cosa. No obstante, existe la posibilidad adicional de utilizar una regla o algún otro tipo de medidor sólido.

Alfileres: Puedes encontrar alfileres de costura de acero básicos o con cabeza de diferentes colores. También te resultará especialmente útil tener un alfiletero a mano donde pincharlos mientras trabajas.

Tijeras: Recomiendo adquirir unas cuantas diferentes, específicas para distintos propósitos:

Tijeras de modista: de hoja larga y afilada, son perfectas para cortar trozos de tela.

Tijeras para cortar papel: útiles para cortar patrones de papel y no desafilar las tijeras de modista.

Tijeras dentadas o de corte en zigzag: realizan un corte en forma de zigzag que evita que la tela se deshilache.

Tijeras de costura: más pequeñas, se utilizan para cortar costuras o hilos.

Agujas: Resulta muy útil tener a mano agujas de coser de diferentes tamaños. Es cierto que con una de tamaño medio podrás hacerlo casi todo, pero para trabajar una tela resistente, como por ejemplo la tela vaquera, necesitarás una aguja de un grosor mayor. Para hilos menos finos o hilos para bordados necesitarás una con un ojo más grande

Agujas de máquina de coser: La tela que utilices determinará el tipo de aguja y su tamaño. Las que vienen con tu máquina irán bien con la mayoría de los tejidos y telas de algodón. Para otros tipos, como la vaquera, la seda o la elástica, necesitarás agujas especiales diseñadas para dichas telas en particular.

Hilos y telas

La elección de la tela es fundamental a la hora de planear un proyecto. Además de fijarte en el color y el estampado, pregúntate cómo quedará el producto final. ¿Es lo bastante gruesa para lo que la queremos? ¿Tendrá buena caída una vez cosida y no se formarán demasiadas arrugas? Hay tantas telas interesantes en el mercado, que lo mejor es hacerse con una colección de ellas para tener siempre alguna a mano y poder confeccionar cualquier cosa que te apetezca.

Telas

Calicó: es un tejido de algodón natural que puede estar coloreado. Tiene un bellísimo toque antiguo y tradicional y se comercializa en varias anchuras diferentes.

Algodón: el algodón, uno de los más populares y versátiles, es un tejido natural hecho de las fibras que cubren las semillas de la planta del algodón. Disponible en diferentes pesos, desde ligero a medio.

Tejidos artificiales: incluyen el poliéster, el nailon y el rayón. Algunos son resbaladizos y se arrugan con facilidad, mientras que otros, como el poliéster, son muy resistentes a las arrugas. Puedes también optar por telas que combinan tejidos artificiales y naturales, como el polialgodón, que te ofrecen las mejores cualidades de ambos.

Hilos

Hilo de algodón: el hilo de algodón es un hilo fino y mercerizado que se utiliza para coser a mano y a máquina, normalmente en tejidos naturales, como por ejemplo de algodón, lino o lana.

Hilo de poliéster: es un tipo de hilo popular y muy polivalente que se puede utilizar en todo tipo de telas para coser a mano o a máquina y viene en un amplia gama de colores.

Hilo de seda: es un hilo fino, pero resistente, que se puede utilizar para coser a mano o a máquina. Por lo general se usa en seda y tejidos de lana, así como para ojales cosidos a mano en telas de mayor calidad.

Cómo manejar la tela

Para poder entender los proyectos y patrones, es importante saber lo que significan todas las palabras. En el caso de las telas, hablamos del lado bueno y el lado malo de las mismas.

PASO 1: El lado bueno es el lado bonito, el que quieres que se vea. El lado malo es la parte de atrás o la parte fea. En el caso de las telas estampadas, es fácil identificar cada uno de ellos.

PASO 2: Si estamos cosiendo algo con puntadas rectas o decorativas (festón) que queremos que se vean, puede que tengamos que poner los lados malos juntos. A continuación, daremos nuestras puntadas donde sea necesario.

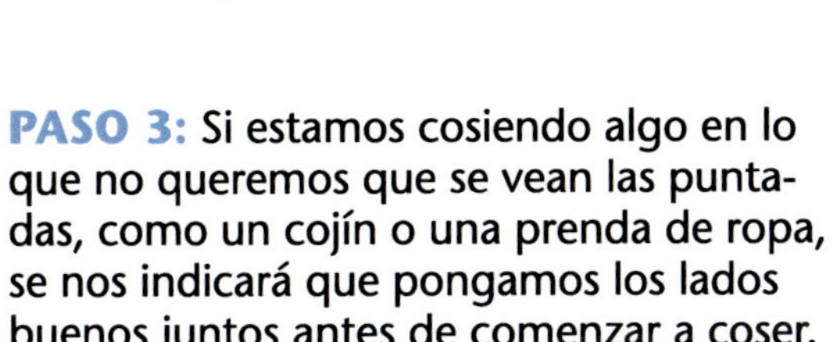

PASO 3: Si estamos cosiendo algo en lo que no queremos que se vean las puntadas, como un cojín o una prenda de ropa, se nos indicará que pongamos los lados buenos juntos antes de comenzar a coser.

PASO 4: Y ahora, cuando le damos la vuelta… ¡el lado bueno es el que queda fuera! ¿Lo ves?

Pies prensatelas

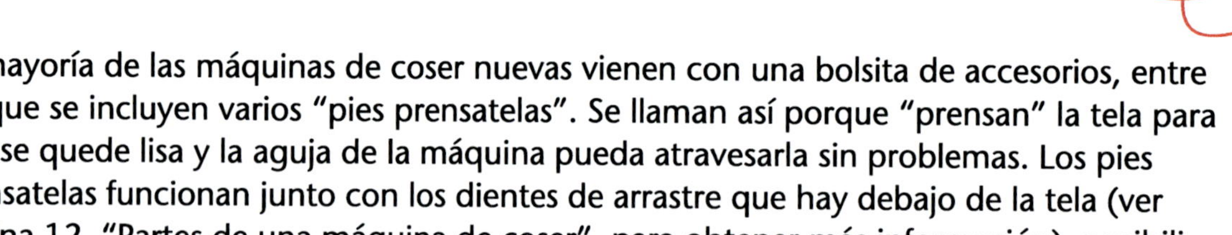

La mayoría de las máquinas de coser nuevas vienen con una bolsita de accesorios, entre los que se incluyen varios "pies prensatelas". Se llaman así porque "prensan" la tela para que se quede lisa y la aguja de la máquina pueda atravesarla sin problemas. Los pies prensatelas funcionan junto con los dientes de arrastre que hay debajo de la tela (ver página 12, "Partes de una máquina de coser", para obtener más información), posibilitando que el tejido vaya pasando por la máquina mientras la aguja y los hilos lo cosen.

El pie prensatelas se puede cambiar con toda facilidad. Normalmente encaja sin más en su sitio y hay un botoncito o palanca que lo libera cuando hace falta quitarlo.

¿Pero para qué sirve cada tipo? ¿Cuál de ellos deberías estar utilizando?

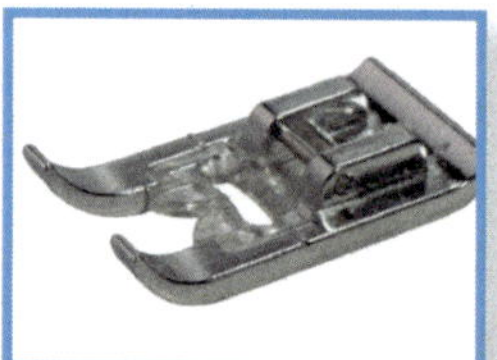

Prensatelas universal o estándar

Este es el pie prensatelas más utilizado y el que necesitaremos para la mayoría de los proyectos de este libro. Ofrece una abertura lo bastante ancha como para que la aguja pueda hacer tanto una puntada en zigzag como una puntada recta normal y corriente.

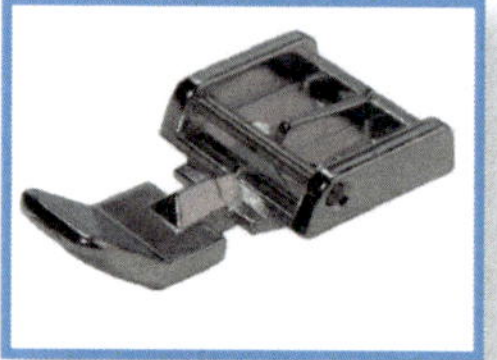

Prensatelas para coser cremalleras

Lo normal es que, al coser cremalleras o ribetes, busques que la costura quede lo más cerca posible de los dientes de la cremallera. No obstante, la barra lateral del prensatelas universal estorba porque cae encima de ellos. Un prensatelas para coser cremalleras "carece" de una o de ambas barras y es regulable, de manera que la aguja puede ir en cualquiera de sus lados y coser más cerca de los dientes de la cremallera.

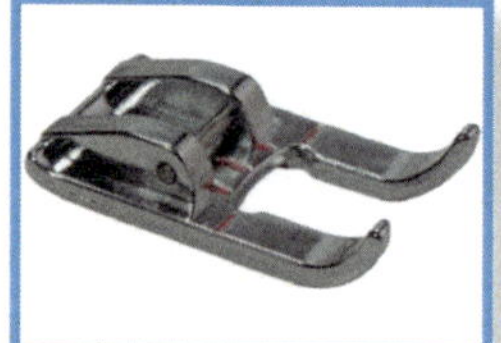

Prensatelas abierto

Este pie prensatelas se utiliza sobre todo para coser apliques, puesto que, al tratarse de pequeños trozos de tela colocados sobre otra tela (utilizando la puntada recta o en zigzag), permite una visibilidad mayor que un prensatelas universal estándar. Ofrece una visión sin obstáculos conforme vas cosiendo los contornos de los apliques.

Costuras

El margen de costura es la sección de tela de medida uniforme que queda entre las puntadas y donde has cortado la tela.

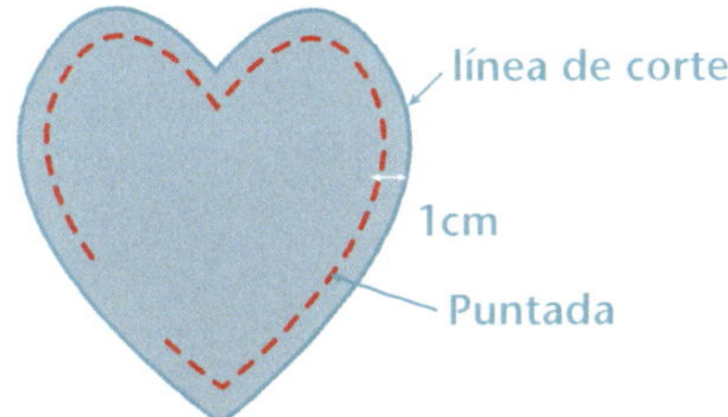

Paso 1: El margen de costura suele ser de alrededor de 1 cm (½ in) y rodear todo el contorno de lo que has cosido.

Paso 2: Si tu margen de costura es demasiado estrecho, las puntadas pueden romperse y desgarrar la tela. Si tu margen de costura es demasiado ancho, quedará demasiado abultado.

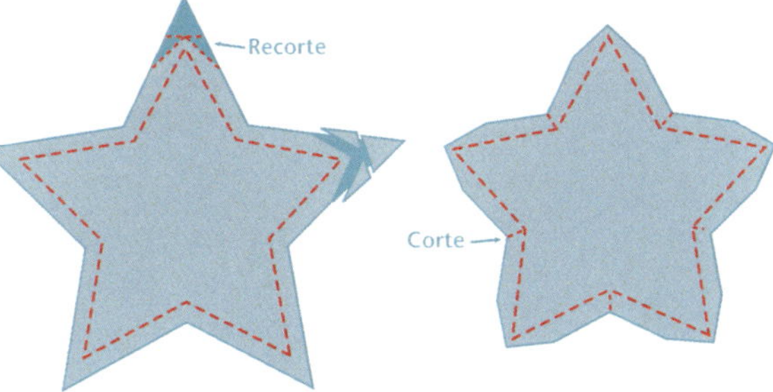

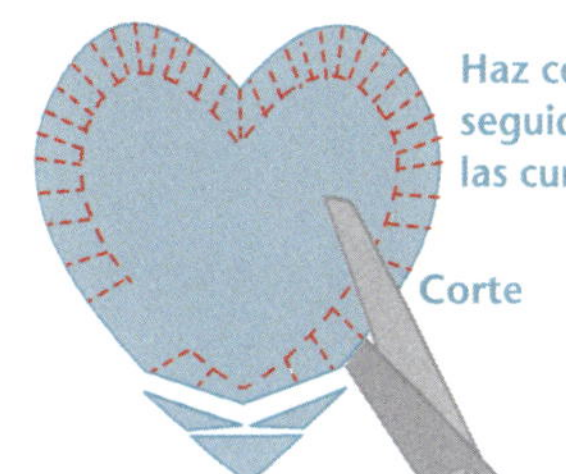

Ten mucho cuidado, ¡no vayas a cortar ninguna puntada!

Paso 3: Cuando cosemos esquinas, tenemos que recortarlas y hacerles cortes para quitar la tela que sobra y que no se formen bultos al darles la vuelta.

Paso 4: Lo mismo pasa con las curvas, tenemos que hacer cortes a la tela que las rodea. ¡Ahora ya le puedes dar la vuelta!

Cómo dejar bien acabados los dobladillos y las costuras

Cuando los bordes de las costuras queden expuestos en el lado malo de cualquier prenda que hayas cosido, es posible que tengas que prepararlos para que no se deshilachen. Hay dos maneras de hacerlo: con un recorte dentado o con una costura en zigzag.

Recorte dentado

Este rápido método es efectivo en telas que no se deshilachan con facilidad, como la vaquera o la de lana. Recurre a las tijeras dentadas para recortar el filo del margen de costura dejándolo en forma de zigzag.

Puntada en zigzag

Este rápido y efectivo método se puede llevar a cabo con la puntada en zigzag normal que hace tu máquina de coser. Regúlala para que la puntada en zigzag tenga una longitud media.

Recorte de esquinas

Con el fin de evitar que los márgenes de costura de dentro de las esquinas queden muy abultados al darles la vuelta, es aconsejable recortar la punta.

Cómo coser a mano

Puntada recta

La puntada recta se puede utilizar para diversos propósitos.

Si eliges hilo para bordados, puedes también conseguir con ella un efecto decorativo.

No te olvides de empezar y acabar con una puntada doble (dos puntadas, una encima de la otra) para evitar que se rompa la costura y se abra.

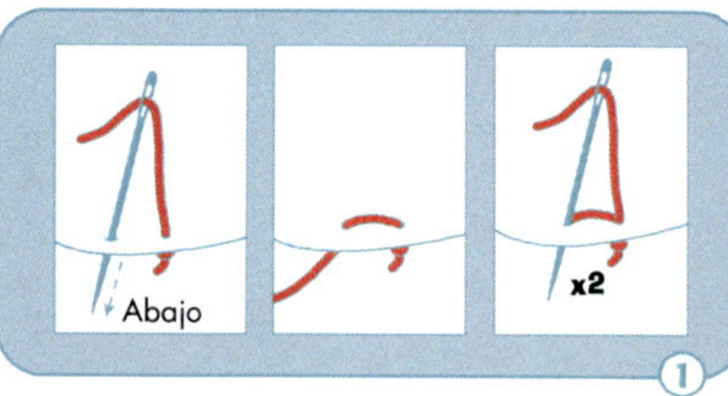

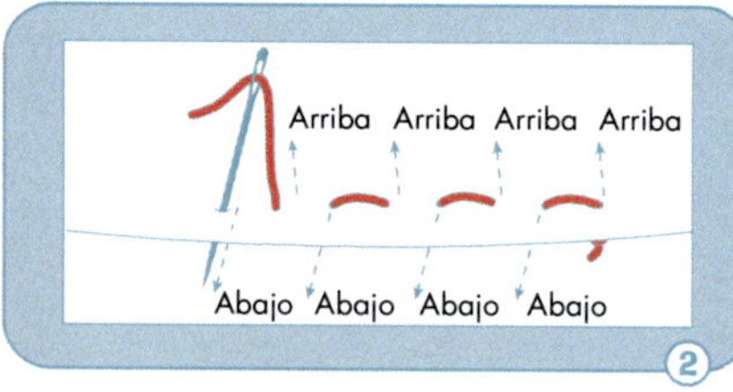

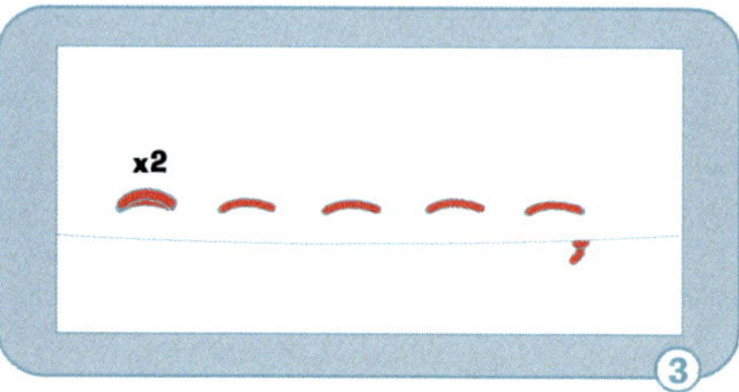

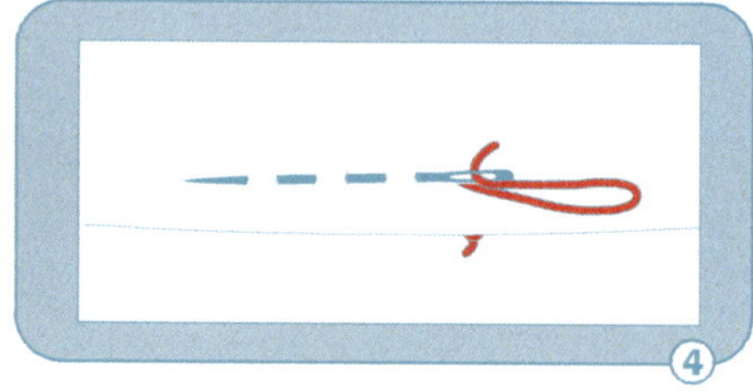

Pespunte

El pespunte es una de las puntadas más fuertes que se pueden dar a mano y se suele utilizar para imitar las puntadas que realiza una máquina de coser.

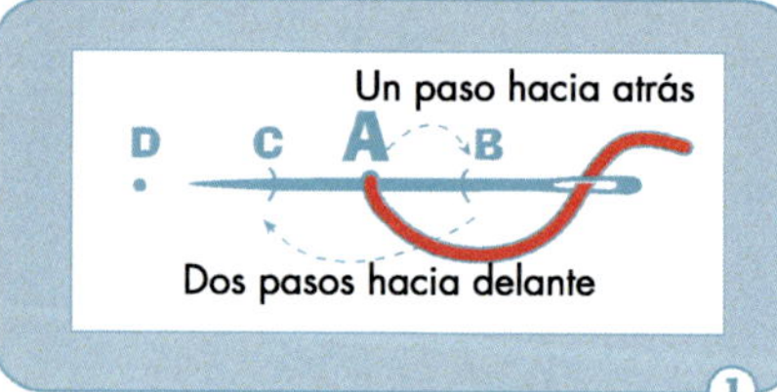

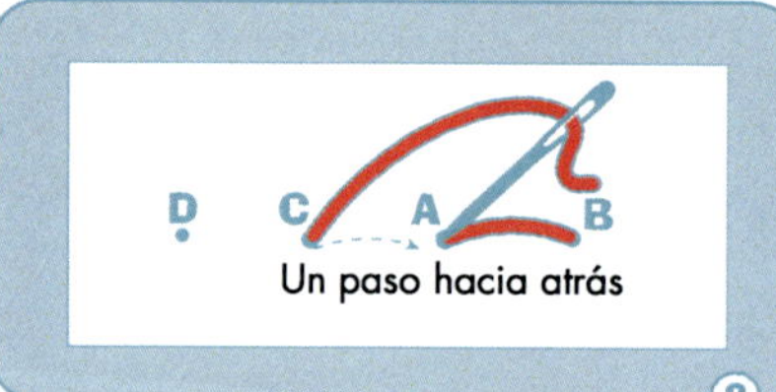

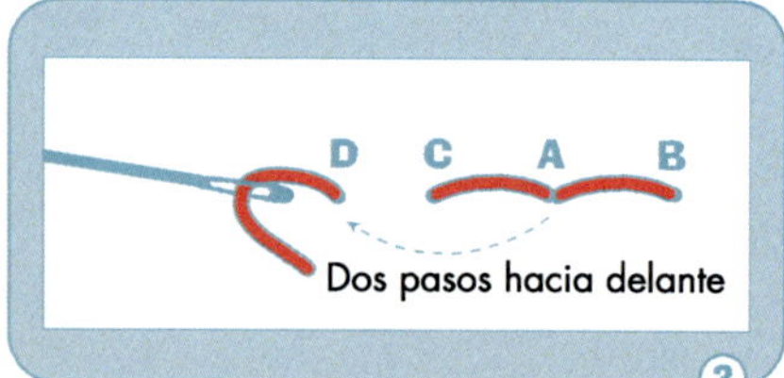

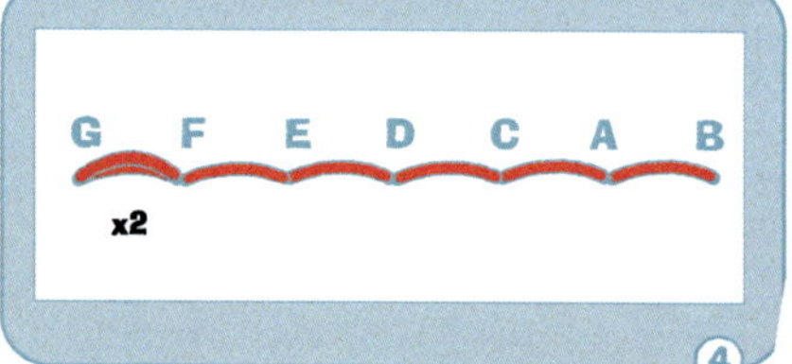

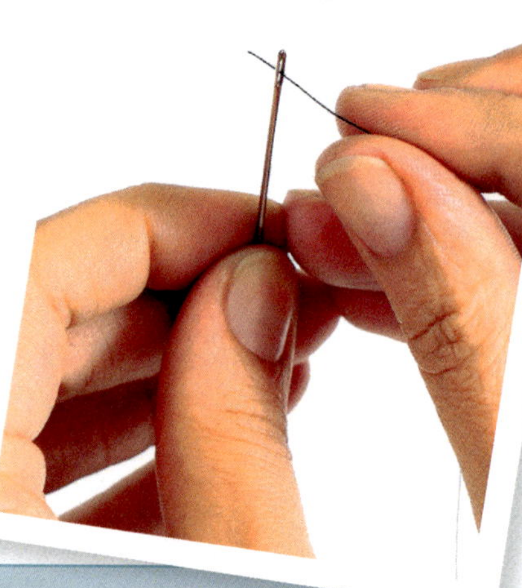

Botones

Coser un botón normal de 2 o 4 agujeros es una de las tareas más básicas de costura. Cuantas más puntadas des, más fijo quedará. Es importante asegurar el hilo con unas puntadas dobles antes y después de coser el botón en sí.

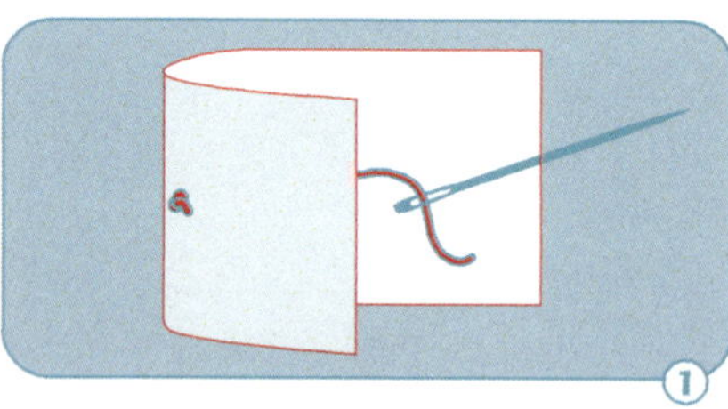

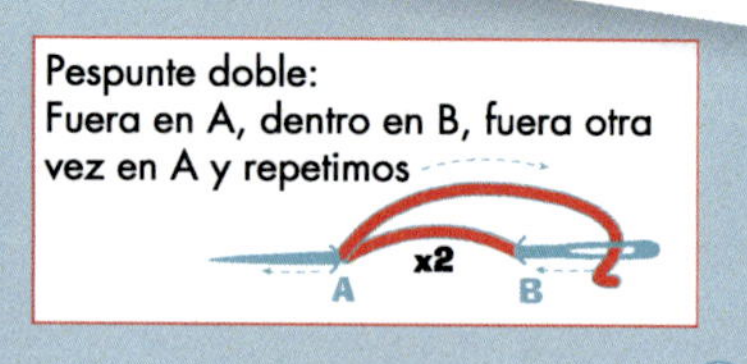

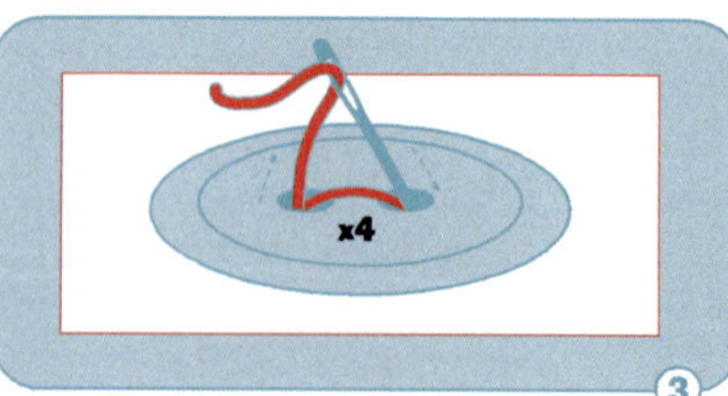

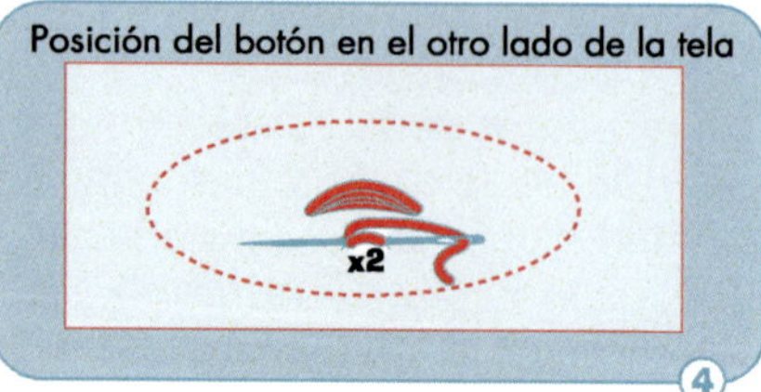

¿Conoces el idioma del mundo de la costura?

¡A veces los manuales de costura y los patrones parece que hablaran en otro idioma!

Apliques:	Los apliques son trozos de tela, normalmente con una forma determinada, que se cosen a mano o a máquina encima de otra pieza de tela.
Hilvanado:	Es un cosido provisional que se hace para mantener dos piezas de tela juntas antes de proceder a coserlas con un punto permanente. Normalmente se realiza cerca del borde de la tela y se elimina después. Por lo general se hace a mano o a máquina utilizando la puntada más larga. También se usa para fruncidos, tirando fuerte del hilo para fruncir la tela.
Guata:	Se utiliza para colchas tipo "quilt" o "patchwork". Es la entretela acolchada que hace de capa intermedia entre la tela de arriba y la de abajo.
Bies:	Un bies es el ángulo de 45 grados que atraviesa de manera diagonal la dirección del hilo que conforma la tela. Una pieza de tela "cortada al bies" tiene buena caída y se puede estirar. También se utiliza en tiras estrechas para los bordes de las prendas, lo que se llama coser un bies o sesgo.
La estructura de la tela	El tejido está formado por hilos longitudinales (urdimbre) y transversales (trama). Observa de cerca un trozo de tela y verás hilos en ambas direcciones. Esto es lo que se conoce como "hilo de la tela". Si haces un pequeño corte, puedes deshilachar numerosos tejidos siguiendo el hilo de la tela. Es importante colocar los patrones en la dirección correcta sobre esta estructura, según especifican las flechas que verás en ellos.
Ancho de la tela:	La medida de la tela que va desde un orillo (el borde natural de una pieza de tela) al otro.
Entretela:	Material que se cose o se plancha y se coloca entre telas decorativas para aportar estructura y estabilidad. Pueden estar hechas de un tipo textil tejido o no tejido.
Forro o revestimiento:	El tejido de revestimiento va en el interior del proyecto a confeccionar, como por ejemplo en el interior de un bolso.
Accesorios de mercería:	Término general para las herramientas y utensilios de costura (alfileres, cremalleras, hilo, botones o ribetes). Básicamente todo aquello que no es tela.
El lado bueno y el lado malo de la tela:	Este es fácil de recordar. El lado "bueno" de una tela es la parte bonita, o la que tiene el estampado. La que quieres que se vea cuando acabas el proyecto. El lado "malo" es la parte lisa o más irregular que al final queda en el interior del proyecto confeccionado. Muchas veces se te pedirá que sujetes con alfileres y cosas algo con "los lados buenos juntos" para después darle la vuelta y que estos mismos lados buenos queden fuera.
Margen de costura:	Esta es la sección de tela situada entre las puntadas y el borde de la tela (ver página 9).
Orillo:	El orillo, remate natural de una pieza de tela, corre paralelo al hilo longitudinal del tejido. Cuando compres una pieza de tela, tendrá dos orillos a los lados y a menudo aparecerá en ellos el nombre del fabricante.
Trama y urdimbre:	Todo tejido tiene urdimbre (los hilos longitudinales en un marco o telar) y trama (los hilos insertados sobre la urdimbre y bajo ella que se tejen de forma transversal).

Partes de una máquina de coser

Cada máquina de coser viene con su propio librito de instrucciones, pero la mayoría están compuestas de partes muy similares. ¿Qué tal si comparas este dibujo con TU máquina de coser? ¿Puedes identificar cada pieza en ella?

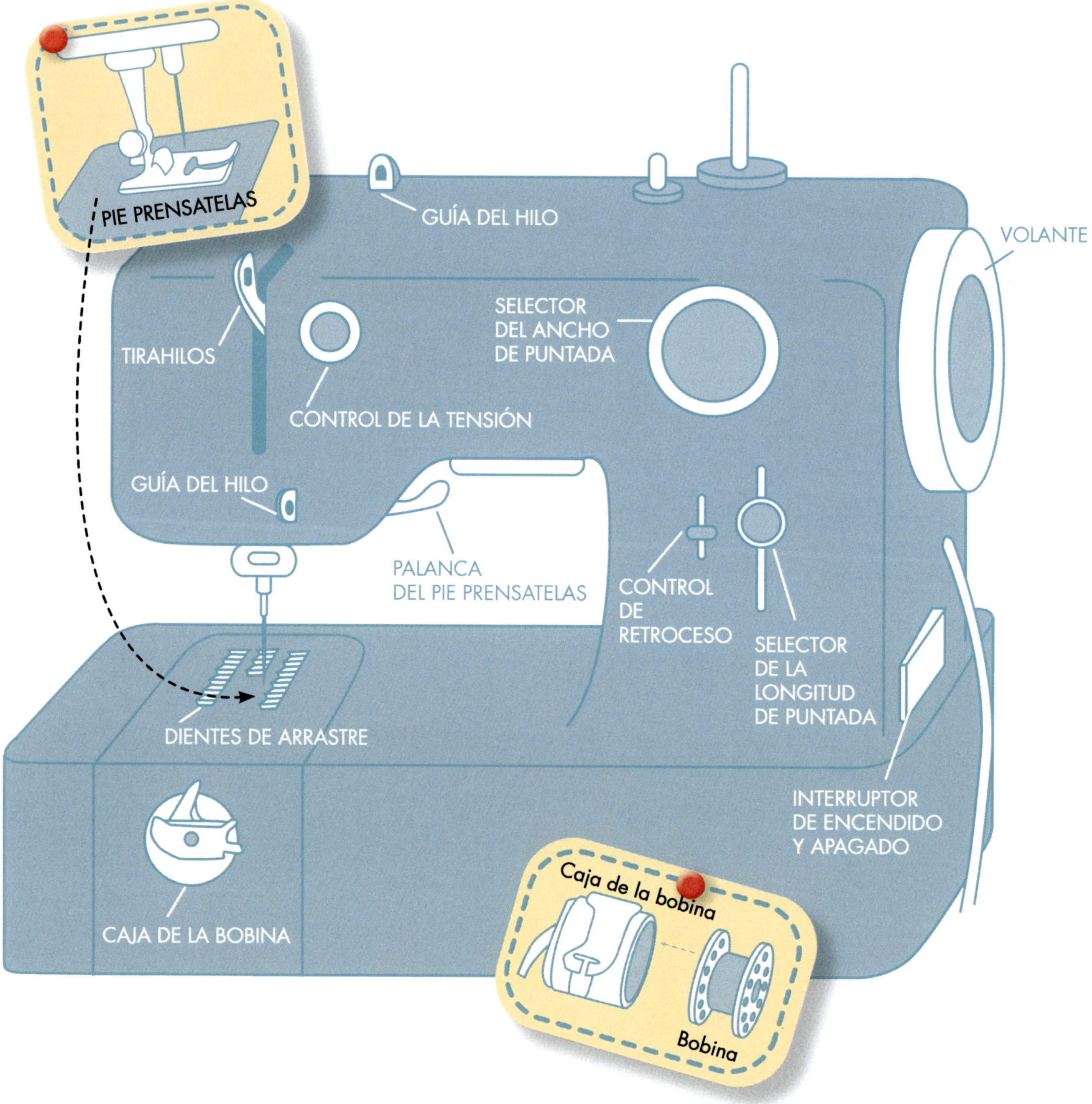

PIE PRENSATELAS

GUÍA DEL HILO

VOLANTE

SELECTOR DEL ANCHO DE PUNTADA

TIRAHILOS

CONTROL DE LA TENSIÓN

GUÍA DEL HILO

PALANCA DEL PIE PRENSATELAS

CONTROL DE RETROCESO

SELECTOR DE LA LONGITUD DE PUNTADA

DIENTES DE ARRASTRE

INTERRUPTOR DE ENCENDIDO Y APAGADO

CAJA DE LA BOBINA

Caja de la bobina

Bobina

VOLANTE	Gira conforme trabaja la máquina. Girando el volante hacia ti, puedes elevar y bajar la aguja para colocarla donde quieras.
INTERRUPTOR DE ENCENDIDO Y APAGADO	Enciende y apaga la máquina.
CONTROL DE RETROCESO	Utiliza esta palanca para coser hacia atrás.
SELECTOR DEL ANCHO DE PUNTADA	Ajusta este selector para cambiar la puntada de recta a en zigzag.
SELECTOR DE LA LONGITUD DE PUNTADA	Con este selector puedes regular la longitud de la puntada.
CONTROL DE LA TENSIÓN	Controla el nivel de presión ejercido sobre el hilo cuando pasa por la máquina. En condiciones normales no tienes por qué regularlo.
GUÍAS DEL HILO	Estas guías dirigen el hilo desde el carrete hasta la aguja.
TIRAHILOS	Esta palanca ayuda a mantener el hilo tenso. También podemos mirarlo para ver si la aguja está arriba o abajo cuando queremos parar o empezar a coser.
CAJA DE LA BOBINA	En la caja de la bobina está la bobina y, en ella, el hilo inferior.
PIE PRENSATELAS	El pie prensatelas sujeta la tela y la pasa por la máquina con ayuda de los dientes de arrastre. Los pies prensatelas vienen en diferentes formas según la tarea a realizar.
PALANCA DEL PIE PRENSATELAS	Esta palanca eleva y baja el pie prensatelas. Súbela para insertar el tejido. Bájala cuando todo esté listo para coser.
DIENTES DE ARRASTRE	Los dientes de arrastre y el prensatelas son los encargados de mover la tela. ¿Ves los dientes?

Cómo devanar la bobina

Las máquinas de coser utilizan dos hilos diferentes: el del carrete superior y el de la bobina inferior. Cuando la máquina está en funcionamiento, ambos hilos se unen para formar puntadas.

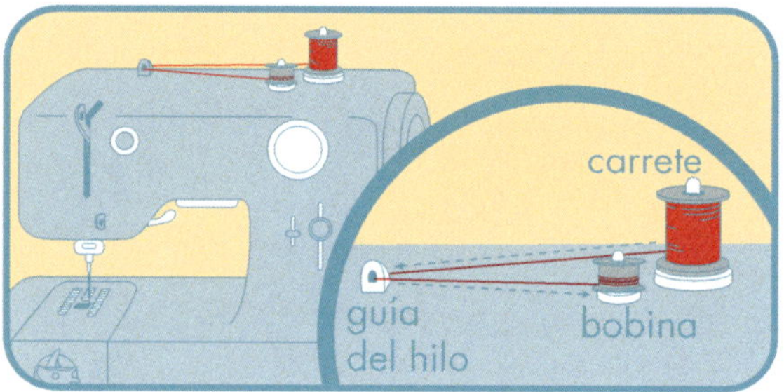

PASO 1: Sigue las guías del hilo desde el carrete hasta el devanador y devana la bobina.

PASO 2: Introduce la bobina en la caja de la bobina…

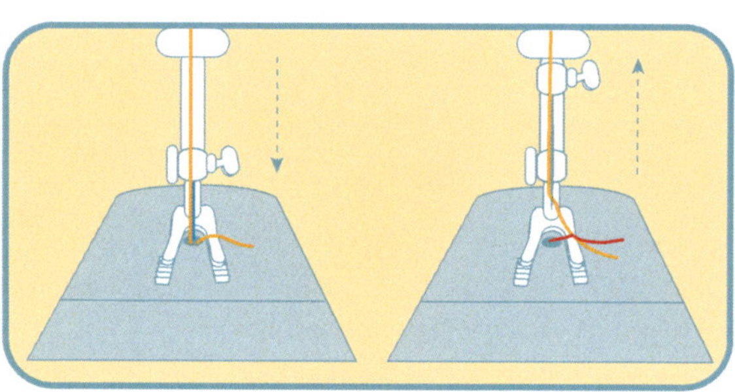

PASO 3: … y luego gira el volante para sacar el hilo hacia arriba por el agujero de la aguja.

PASO 4: El hilo del carrete superior ayuda a "empujar" el hilo inferior de la bobina a través del agujero en los dientes de arrastre. Separa y coloca cada hilo en dirección a la parte trasera de tu máquina antes de empezar coser.

Cómo enhebrar tu máquina

Busca en las instrucciones dónde se encuentran las guías del hilo en tu máquina de coser. Sigue el camino desde el carrete, pasando por todas las guías del hilo, hasta el ojo de la aguja. ¡No te dejes ninguna atrás!

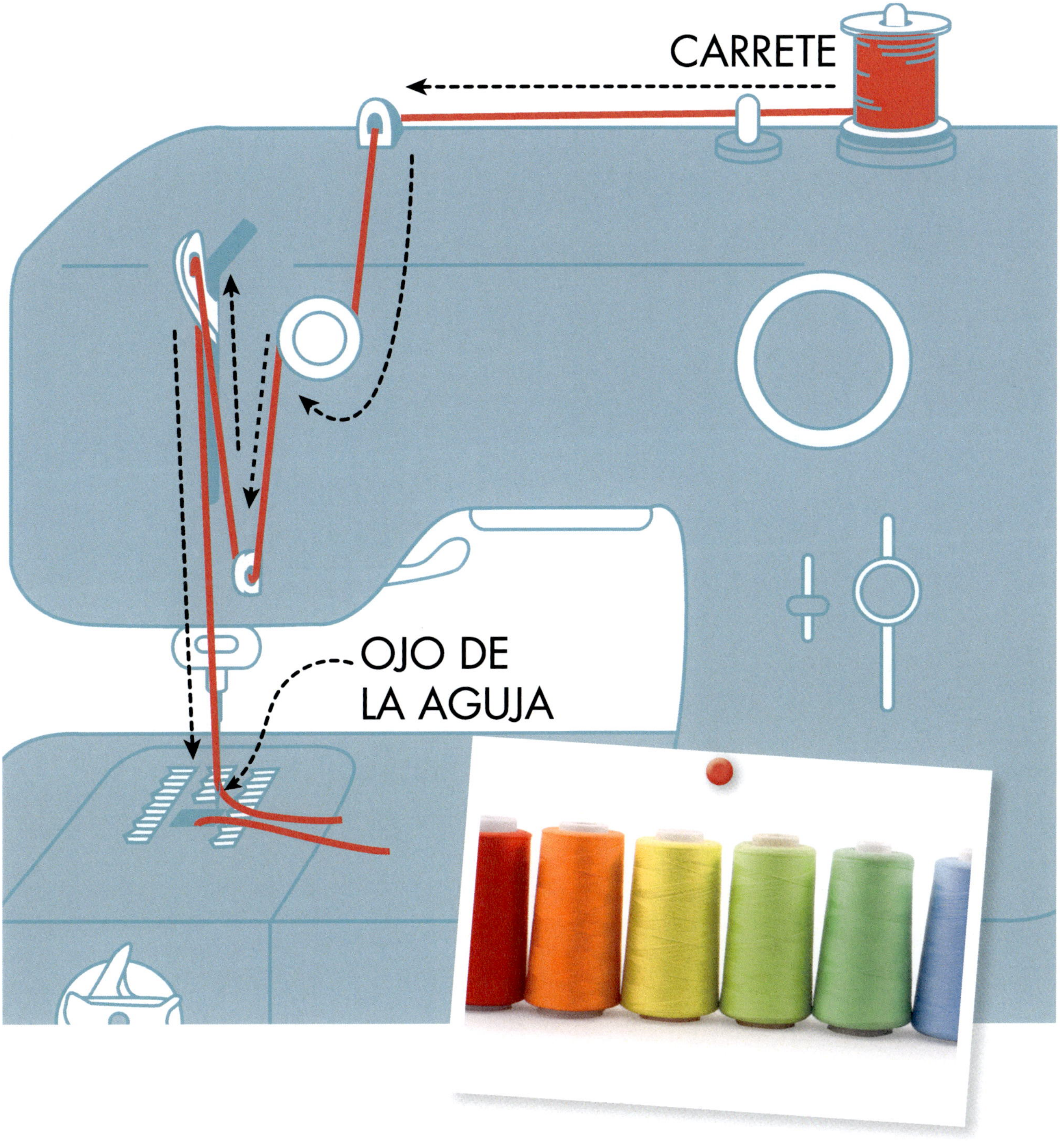

CARRETE

OJO DE LA AGUJA

Juguemos: Partes de una máquina de coser

PIE PRENSATELAS
CONTROL DE LA TENSIÓN
INTERRUPTOR DE ENCENDIDO Y APAGADO
SELECTOR DEL ANCHO DE PUNTADA
CAJA DE LA BOBINA
TIRAHILOS
DIENTES DE ARRASTRE
CONTROL DE RETROCESO
VOLANTE
GUÍA DEL HILO
SELECTOR DE LA LONGITUD DE PUNTADA
PALANCA DEL PIE PRENSATELAS

L
A
B
C
D
E
F
G
H
I
J
K

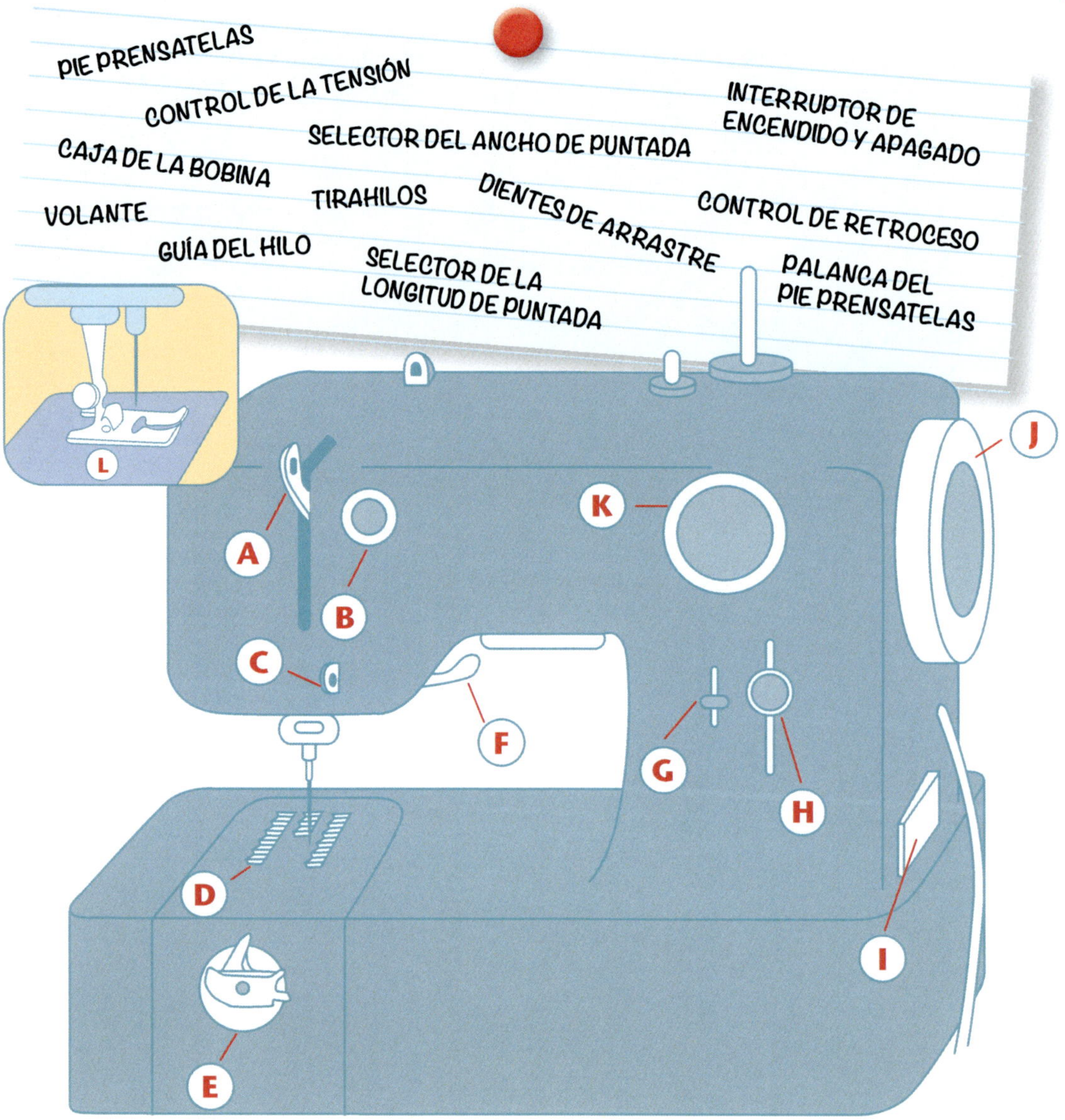

¿Te acuerdas de cómo se llaman todos los componentes de una máquina de coser? ¡A ver si puedes rellenar los huecos de abajo!

A .... G ....

B .... H ....

C .... I ....

D .... J ....

E .... K ....

F .... L ....

Manos y postura

Es importante que estemos sentados de manera cómoda delante de nuestra máquina de coser. Asegúrate de que puedes sentarte con la espalda derecha y los pies totalmente apoyados en el suelo. ¿Llegas sin problemas al pedal?

¡Cuidado con los dedos!

Haz un triángulo con las manos y apoya ligeramente la punta de los dedos en la tela para ir guiándola. Practica el control de la tela para que la máquina cosa exactamente donde quieres.

No EMPUJES ni TIRES de la tela... ¡tan solo guíala!

Cómo girar en las esquinas

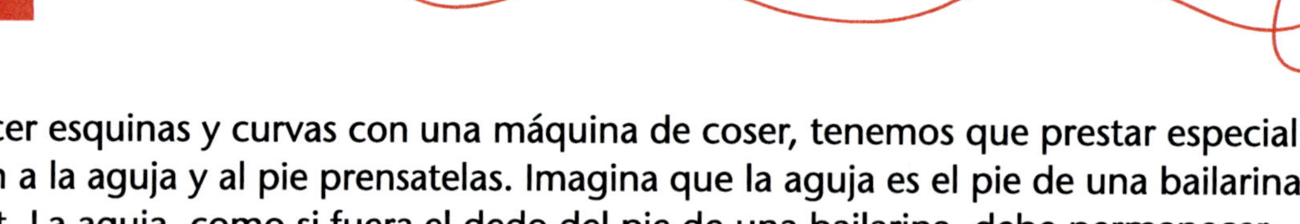

Para hacer esquinas y curvas con una máquina de coser, tenemos que prestar especial atención a la aguja y al pie prensatelas. Imagina que la aguja es el pie de una bailarina de ballet. La aguja, como si fuera el dedo del pie de una bailarina, debe permanecer abajo mientras elevas el pie prensador, giras la tela y lo vuelves a dejar caer.

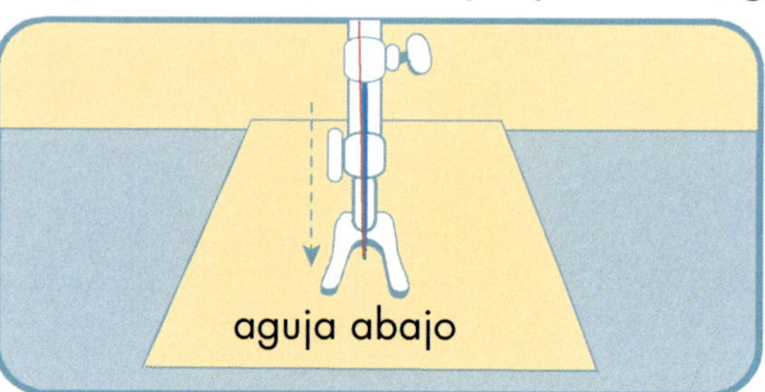

PASO 1: Comprueba que la aguja está abajo atravesando la tela. Si no es así, gira el volante hacia ti hasta que lo esté.

PASO 2: Eleva el pie prensatelas con la palanca.

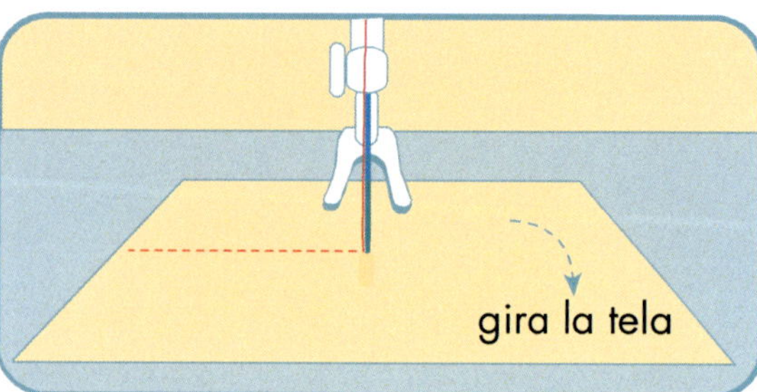

PASO 3: Gira la tela en la dirección que desees.

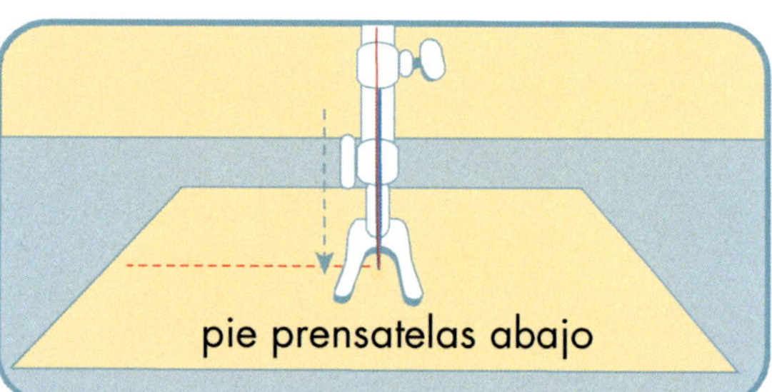

PASO 4: Vuelve a bajar el pie prensatelas antes de ponerte a coser de nuevo en esta nueva dirección. Ahora, ¡a practicar las esquinas!

Practica cómo girar en las esquinas

Fotocopia esta página, ¡así no tienes que romper el libro!

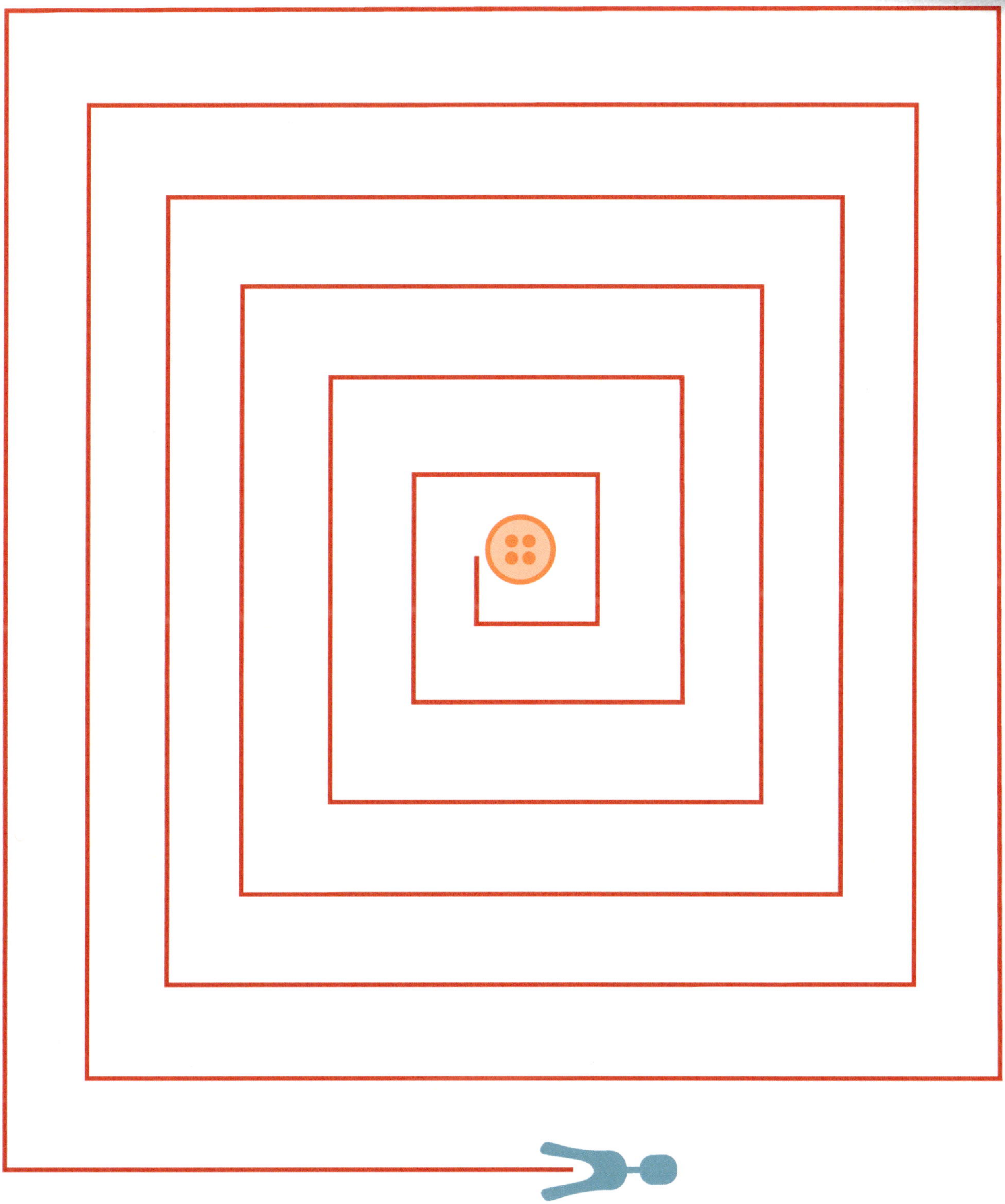

 Cómo coser puntadas de remate

Cuando cosemos a mano, siempre **empezamos** y **terminamos** con una **PUNTADA DOBLE**. Lo mismo pasa con la máquina de coser; hacemos lo mismo y se llama **PUNTADA DE REMATE**.

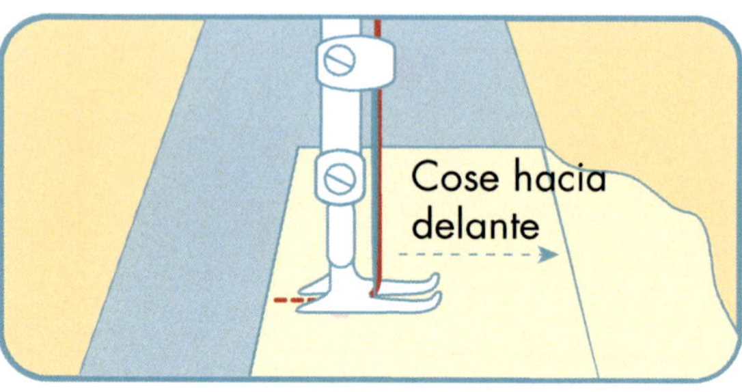

PASO 1: Empieza cosiendo unas puntadas con la máquina.

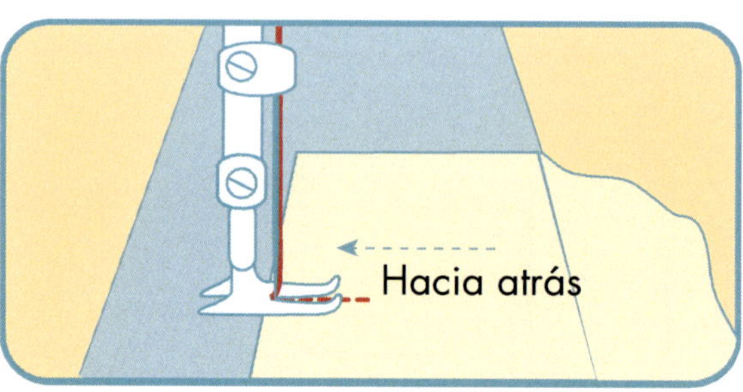

PASO 2: Utiliza la palanca de retroceso para hacer puntadas hacia atrás hasta donde empezaste.

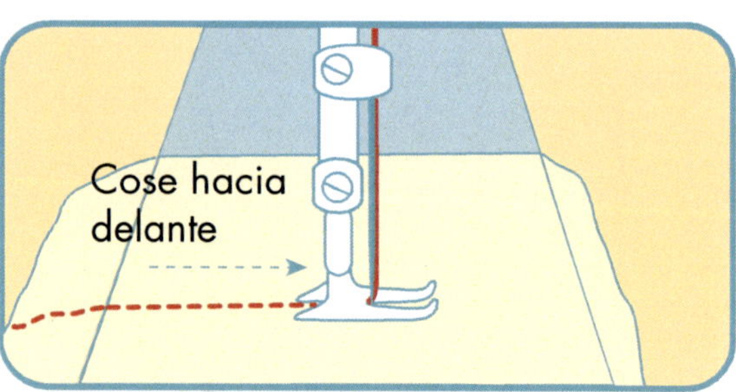

PASO 3: Suelta la palanca de retroceso y sigue cosiendo con normalidad.

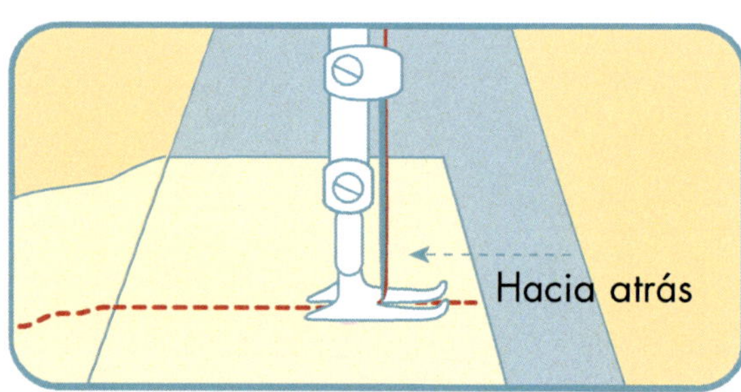

PASO 4: Cose hasta donde tengas que acabar y luego retrocede unas puntadas. Mira a ver si puedes practicar la puntada de remate en las páginas de práctica.

Practica cómo hacer puntadas de remate

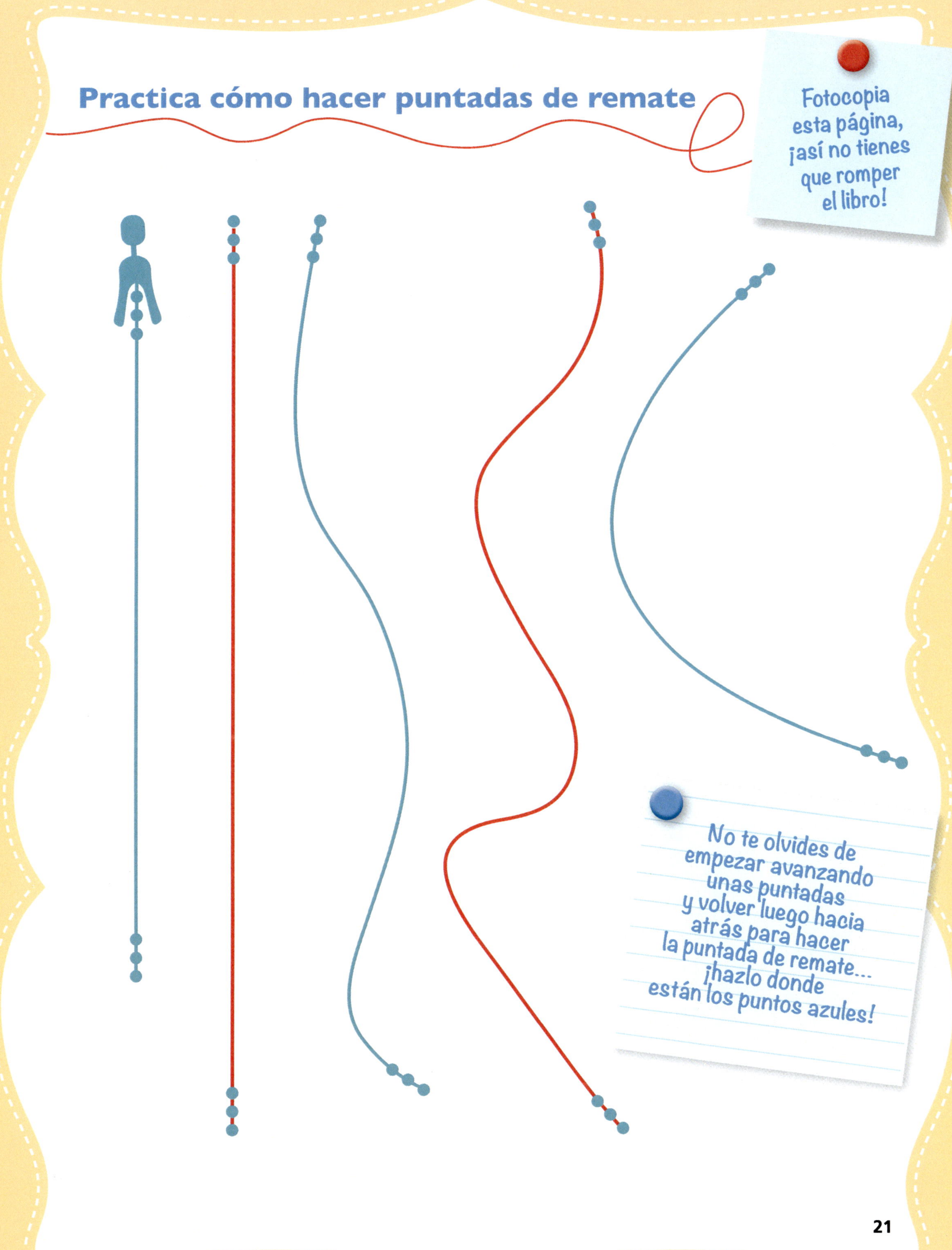

Practica cómo coser curvas

Fotocopia esta página, ¡así no tienes que romper el libro!

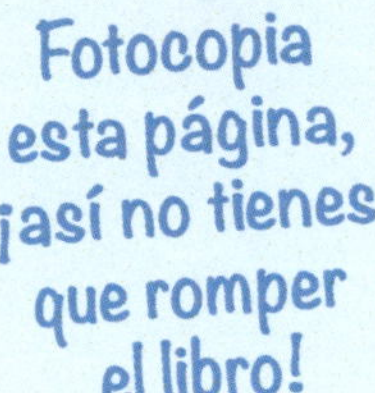

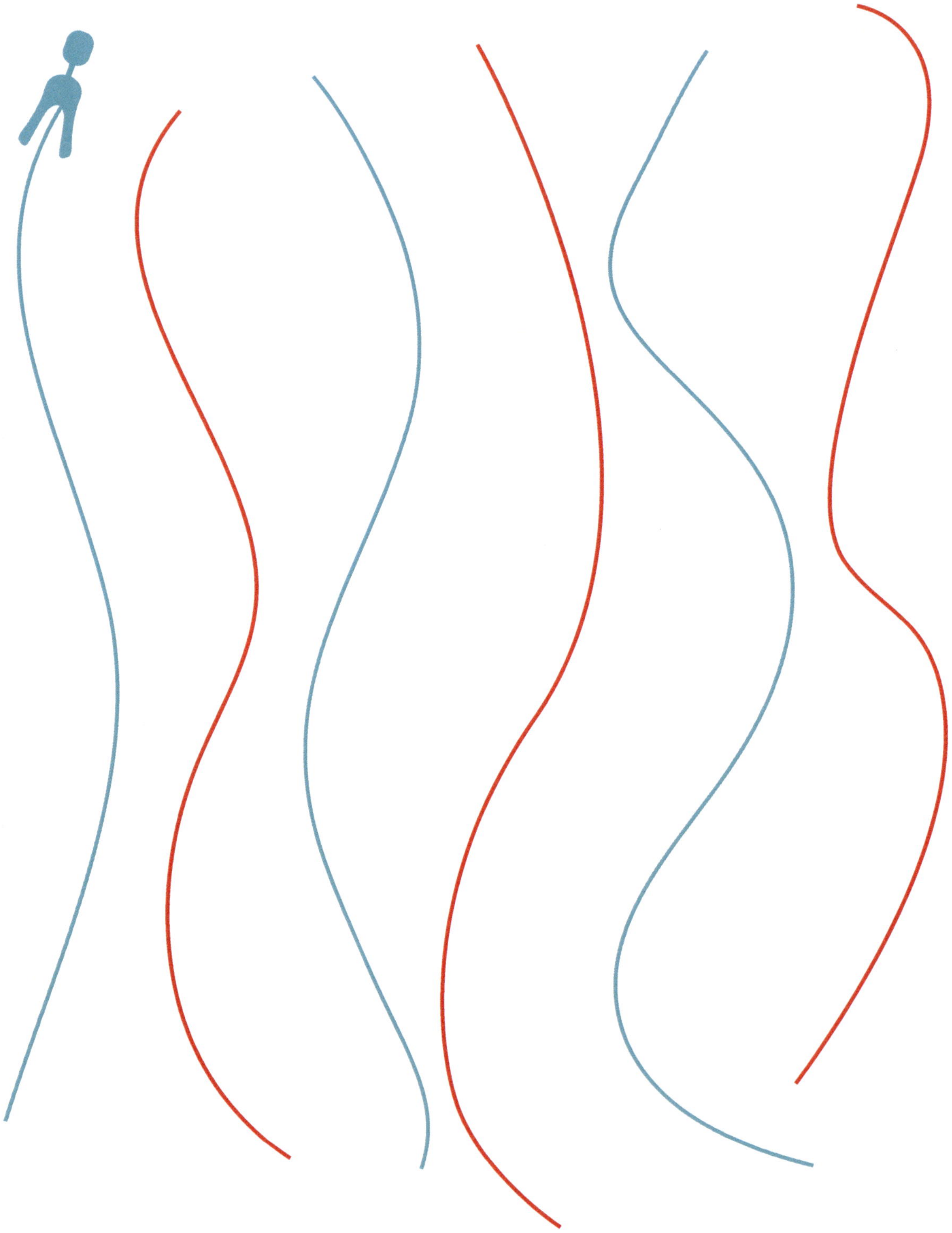

Practica cómo coser una estrella

Fotocopia esta página, ¡así no tienes que romper el libro!

¡No te olvides de hacer el "giro" cuando cambies de dirección!

Cómo coser una jareta

Una jareta es una especie de dobladillo de gran tamaño, como un túnel, que suele ir en la parte superior de una bolsa o en la cintura de una falda. Utilizamos este túnel para pasar un cordón o elástico por su interior, que luego tensamos para hacer un fruncido.

Paso 1: Igual que cuando cosemos un dobladillo, tenemos que doblar el borde de la tela, pero en este caso al menos 6 cm (2 ½ in) hacia dentro. Pincha alfileres en la línea que divide el segmento doblado por la mitad.

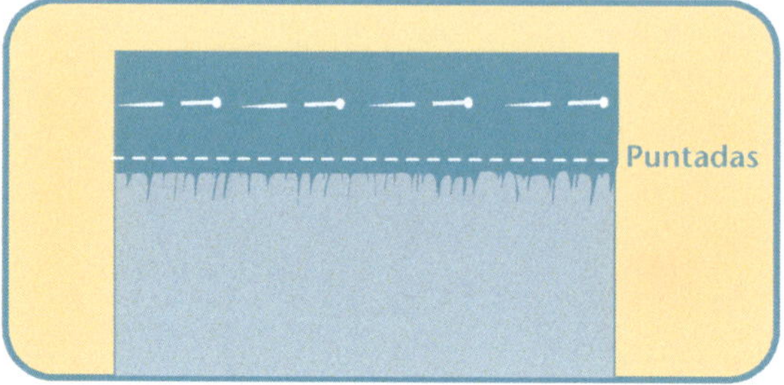

Paso 2: A continuación coseremos una línea recta cerca del borde no preparado.

Paso 3: Para que quede incluso mejor, podemos coser otra línea recta más a lo largo de la parte superior, un poquito por debajo del doblez. Eso hará que al final se vea una especie de reborde muy bonito.

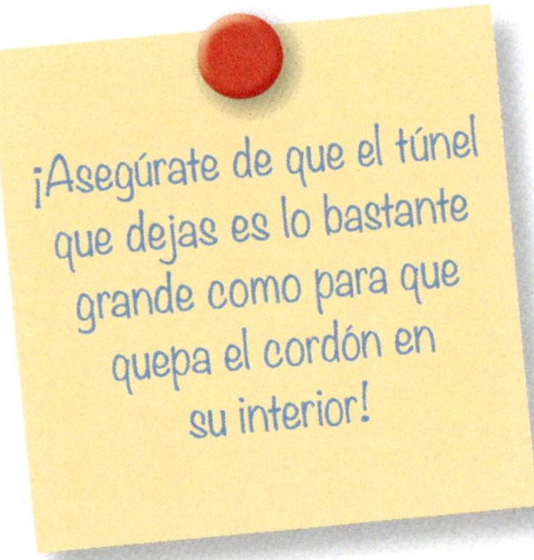

Paso 4: Coloca un imperdible grande en cada uno de los extremos del cordón o elástico y pásalo por el túnel hasta que salga por el otro lado. Puedes enganchar uno de los extremos a la bolsa para que no se acabe metiendo también dentro del túnel. Ahora tira hasta que quede todo lo fruncido que quieras. Por último, ata ambos extremos del cordón.

Cómo coser un dobladillo

Al cortar la tela queda un borde "sin preparar" que puede deshilacharse y no se ve muy bonito. Un dobladillo es una manera de dejar los bordes de la tela arreglados para que queden bien. Echa un vistazo a tu ropa, ¿ves los dobladillos en los bordes?

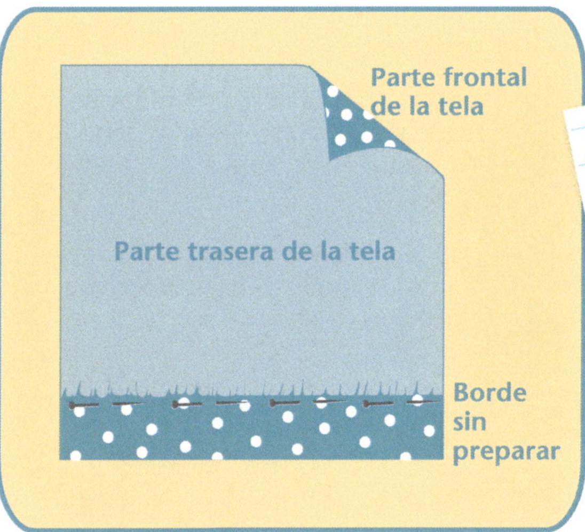

No te olvides de ir quitando los alfileres que te vayas encontrando en el camino

Borde sin preparar

Paso 1: Dobla el borde hacia dentro de manera que los lados malos se toquen. Unos 2 cm (¾ in) suele ser más que suficiente. Asegúrate de que está todo uniforme y sujétalo con alfileres. Intenta colocarlos lo más cerca del borde que puedas para que no estorben.

Paso 2: Cose a lo largo una línea muy recta. Luego repite el Paso 1 para que el dobladillo quede bien acabado.

¿Ves cómo ahora queda mucho mejor?

Introducción al uso de patrones

Es normal que muchos principiantes se sientan acobardados ante la perspectiva de elegir un patrón y utilizarlo. No obstante, ya verás que, cuando empieces con una prenda y un patrón simples, te acostumbrarás a la terminología y a cómo manejarlo bien, ¡pronto estarás listo para hacer frente a cualquier patrón comercial que te guste! A continuación, te dejo unos cuantos consejos para ayudarte a desvelar el misterio que hay detrás de los patrones de costura:

Tamaño: La mejor manera de elegir el tamaño correcto de patrón es tomar medidas de la persona para la que vayas a confeccionar la prenda, anotarlas y llevarlas contigo a la tienda de telas. La mayoría de los patrones de costura sirven para diferentes tallas y solo tendrás que elegir la que necesites y cortarla.

Dificultad: En la mayoría de los patrones viene especificado el grado de dificultad. Si no tienes mucha experiencia cosiendo o si nunca has utilizado ningún patrón, asegúrate de que adquieres uno que esté calificado como fácil. Poco a poco podrás ir eligiendo proyectos más difíciles.

Otros artículos: Una vez que hayas elegido un patrón, lee la parte trasera del paquete para averiguar cuánta tela necesitas y si hay algo más que tienes que comprar, como cinta elástica o botones. Muchos patrones se imprimen en EE. UU. y utilizan yardas (1 yarda = 0,9144 metros).

Diferentes patrones: Además de servir para personas con diferentes tallas, los patrones de costura ofrecen generalmente varias versiones de la misma prenda (por ejemplo, un mismo patrón puede servir para confeccionar unos pantalones largos y unos cortos). Lee las instrucciones para tener claro qué piezas del patrón necesitas y poder separarlas del resto.

Plancha: Utiliza una plancha a baja temperatura para planchar el patrón y que todas las piezas queden planas y bien colocadas.

Léelo todo antes de empezar: Igual que pasa con las recetas de cocina, siempre es aconsejable leer la hoja de instrucciones del patrón por completo antes de ponerse manos a la obra, en lugar de ir leyendo conforme trabajas. Te ahorrarás un montón de dolores de cabeza si te aseguras de entender bien las instrucciones antes de empezar.

Hoja de instrucciones del patrón: Es una herramienta muy importante. Te informará de cómo tienes que colocar las diferentes piezas del patrón y de muchas más cosas. Mira bien los diagramas. Toma nota de cualquier símbolo especial que veas.

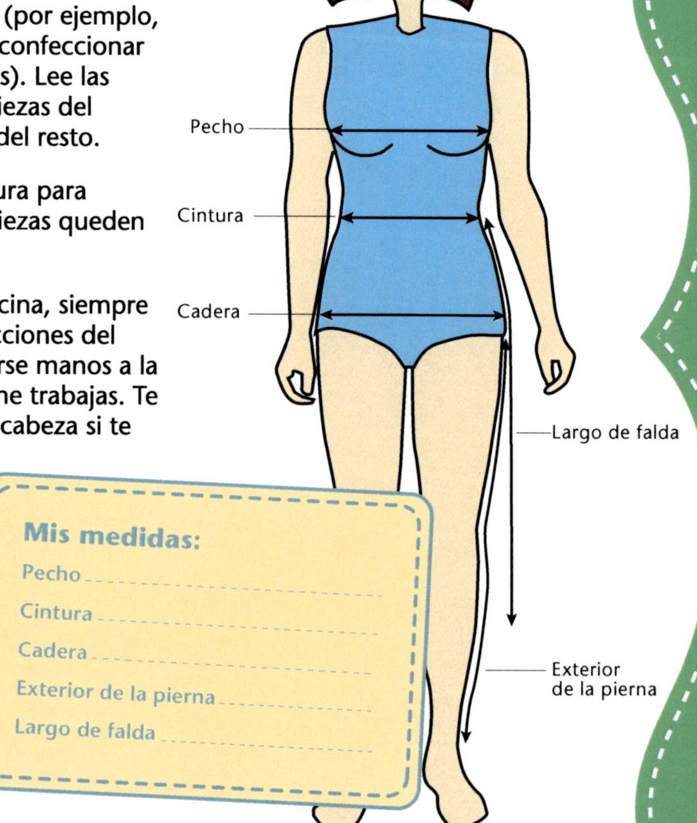

Preparación del patrón

La hoja de instrucciones que viene con el patrón ofrece sugerencias acerca de dónde sujetar las piezas con alfileres a la tela. Asegúrate de que entiendes las tonalidades indicadas en la disposición, ya que explican dónde van el lado bueno y el malo, los forros, las entretelas, etc. A continuación, coloca la tela doblada, con los lados malos tocándose (a no ser que las instrucciones indiquen lo contrario), y coloca las piezas sobre ella como se indique. Asegúrate de que todo encaja bien antes de poner alfileres y cortar.

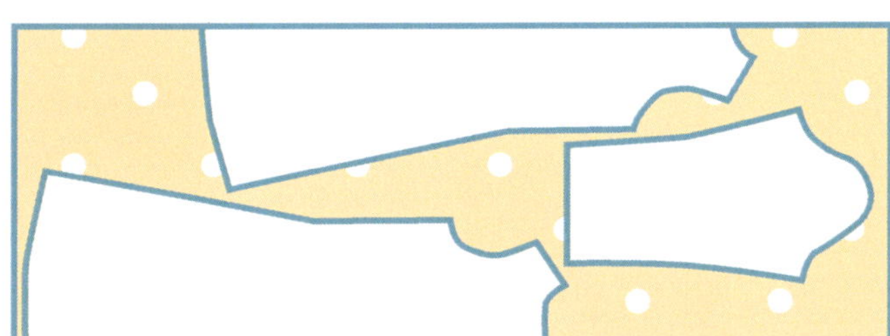

Disposición según diferentes anchos. Debajo verás la disposición en una pieza de tela de 115 cm de ancho (45 in). Esta disposición corresponde a las piezas del mismo patrón, colocadas sobre una pieza de tela de 90 cm (36 in) de ancho, como se muestra más arriba.

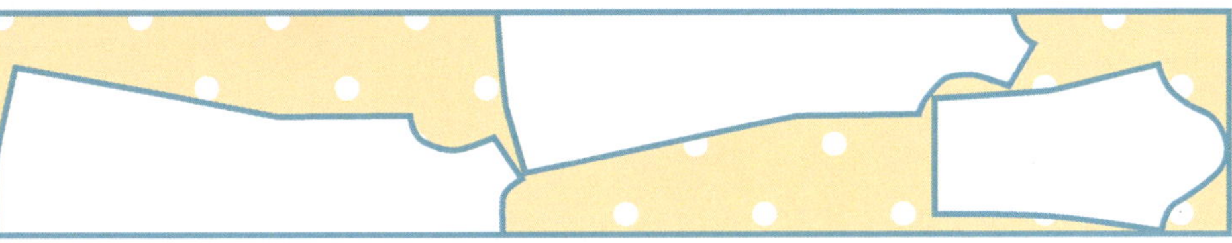

SÍMBOLOS DE LOS PATRONES

⟵ ⟶	**Línea del hilo**	Dirección del hilo paralelo al orillo (recuerda que el orillo es el final acabado de la tela que remata ambos lados).
	Línea de pliegue	Línea continua sobre el pliegue de la tela.
	Línea central	Marca en el centro de la parte frontal o trasera de una prenda.
	Muescas y puntos	Marcas de ubicación para emparejar sitios específicos de la tela.
	Línea de corte	Línea sólida donde se corta el patrón y la tela.
	Línea de ajuste	Líneas dobles para aumentar o reducir la prenda.
	Línea de pinza	Líneas cortas e intermitentes que indican los filos que han de unirse por costuras para entallar la prenda.

BEN
A

Proyectos

Bolsa con lazo

Necesitarás:

Para la bolsa: corta 2 trozos de tela de 30 cm x 35 cm (12 x 14 in).

Para las asas: corta 2 trozos de tela de 70 cm x 10 cm (27 x 4 in).

Para el lazo: corta 2 trozos de 110 cm x 10 cm (43 x 4 in).

Cómo coserla:

Paso 1: Haz un dobladillo en los filos cortos de cada trozo de tela. Si vas a decorar la bolsa con apliques, ahora es el momento.

Paso 2: Para hacer las asas, dobla cada tira a lo largo por la mitad, con el lado bueno mirando para adentro.

Cose toda su longitud, a 2 cm (¾ in) del filo. Con ayuda de una aguja de coser o una regla, dale la vuelta al tubo para que el lado bueno quede fuera. Ahora ya puedes coser alrededor del asa, casi en el filo, para conseguir un mejor acabado.

Fija las asas con alfileres a 5 cm (2 in) del borde de la bolsa. Cóselas bien para que queden bien seguras.

Paso 3: Coloca juntos los lados buenos de la tela de la bolsa y sujétalos con alfileres. Cose desde una parte superor a la otra sin olvidar hacer una costura doble al principio y al final. ¡Ya puedes darle la vuelta a la bolsa!

Paso 4: Para hacer el lazo, sujeta con alfileres los dos trozos de tela para que queden juntos y cóselo todo, dejando un hueco de 6 cm (2 ½ in) cerca de la mitad.

Dale la vuelta para que el lado bueno quede fuera y cose el hueco.

También puedes planchar o coser toda la longitud de la tela como acabado final. Ahora ata el lazo a una de las asas para dar por finalizada la bolsa.

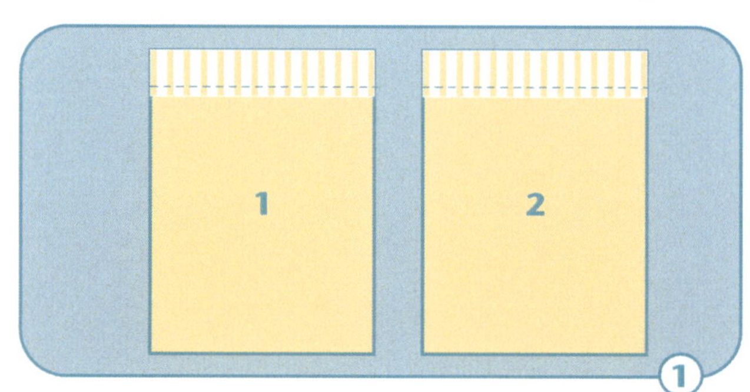

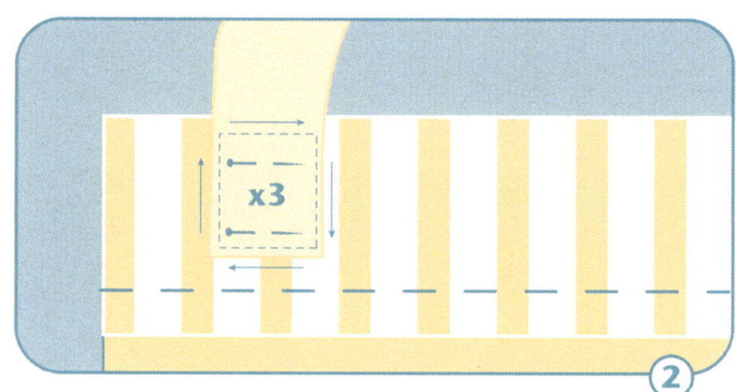

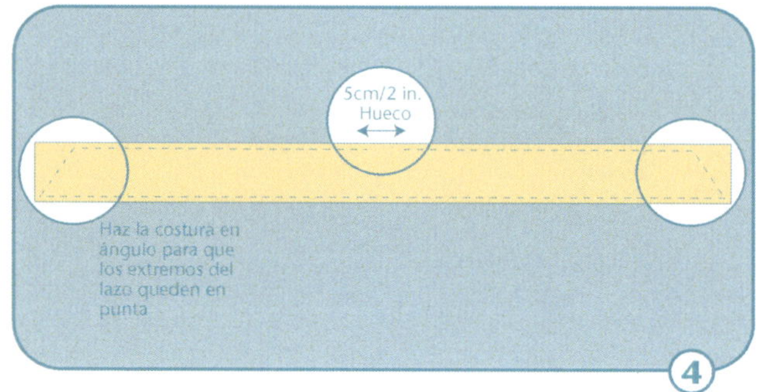

Protector de corrientes de aire

Este perrito tan simpático es la mejor manera de evitar que entre viento frío por debajo de tu ventana o puerta. Puedes utilizar retales que tengas o papel de periódico para rellenarlo, ¡así también reciclas y ayudas a proteger el medio ambiente! ¿Qué nombre le vas a poner a tu nueva mascota?

Cómo coserlo:

Paso 1: Corta un trozo de tela de 25 cm (10 in) de ancho y de los centímetros que prefieras de largo, según el tamaño que quieras que tenga tu perrito. Dobla la tira de tela de manera que el lado bueno quede por dentro y los dos laterales largos se toquen. Utiliza el patrón de cabeza de perro en uno de los extremos de la tira para cortar curvo el extremo donde va la cabeza.

Paso 2: Cose una línea a aproximadamente 1 cm (½ in) hacia dentro desde el borde, de la cola hasta el extremo de la nariz. Acuérdate de empezar y acabar con una puntada doble. Deja el final de la cola abierto para poder poner la pieza del derecho y rellenarla.

Paso 3: Ahora toca poner el perro del derecho para que los lados buenos queden en el exterior. Empuja con un lápiz desde el interior para que la parte de la nariz sobresalga y quede en punta. Rellena el perro de papeles usados, relleno especial para juguetes, tela vieja o papel de periódico arrugado.

Paso 4: A continuación, recorta en fieltro los ojos, la nariz, las orejas y la cola utilizando los patrones que te suministramos. Cóselos al perro para que adquiera su propia personalidad. ¡Ya está! ¡Ya tienes mascota!

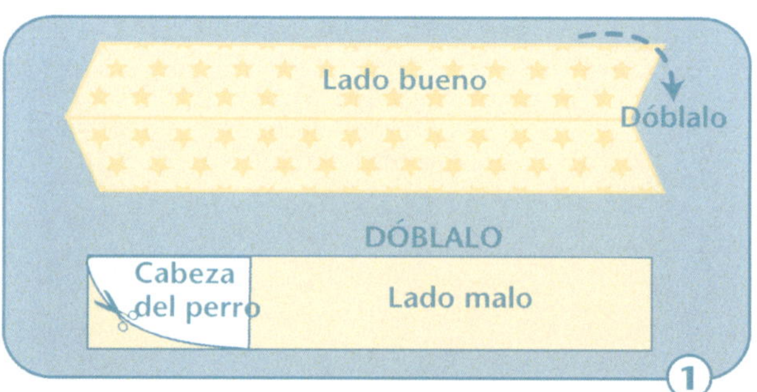

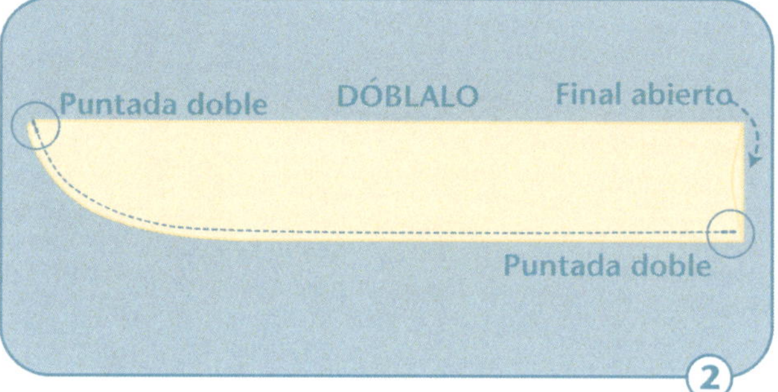

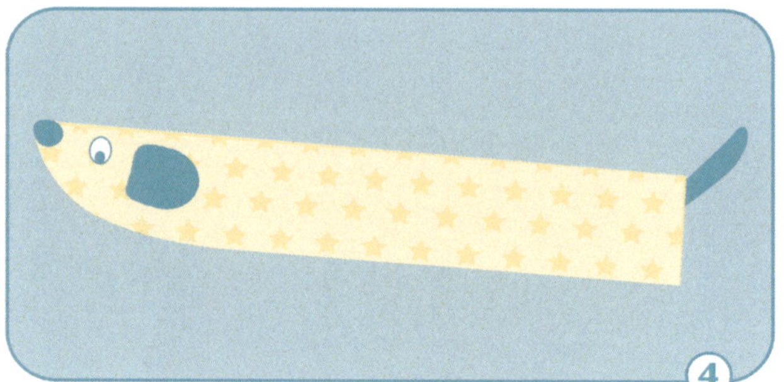

Bolsitas con cremallera

Necesitarás:

Para una bolsa pequeña para cosméticos, corta 2 trozos de tela de 24 x 18 cm (9 ½ x 7 in).

Utiliza una cremallera de 20 cm (8 in).

Para una bolsa más grande, tipo neceser, corta 2 trozos de tela de 34 x 28 cm (13 x 11 in).

Utiliza una cremallera de 30 cm (12 in).

Cómo coserla:

Paso 1: Coloca la cremallera a lo largo del borde largo de uno de los trozos de tela, con el lado correcto de la cremallera de cara al lado bueno de la tela. Cose cerca del filo.

Paso 2: Cose el otro lateral de la cremallera al segundo trozo de tela del mismo modo. Si quieres ponerle algún lazo o recorte a la bolsa, ahora es el momento. Abre la cremallera hasta la mitad para poder darle la vuelta a la bolsa después de haberla cosido por entero.

Paso 3: Coloca juntos los lados buenos de los dos paneles de tela y cose los laterales y la base de la bolsa.

Paso 4: Separa las dos capas en las esquinas inferiores y dóblalas en dirección diagonal, de manera que las costuras laterales y la de la base estén una encima de la otra. Cose una línea cruzada formando ángulos rectos con respecto a las costuras. Corta la punta y dale la vuelta a la bolsa.

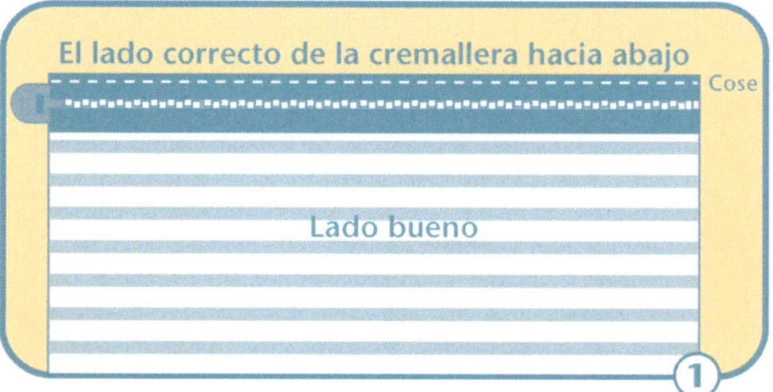

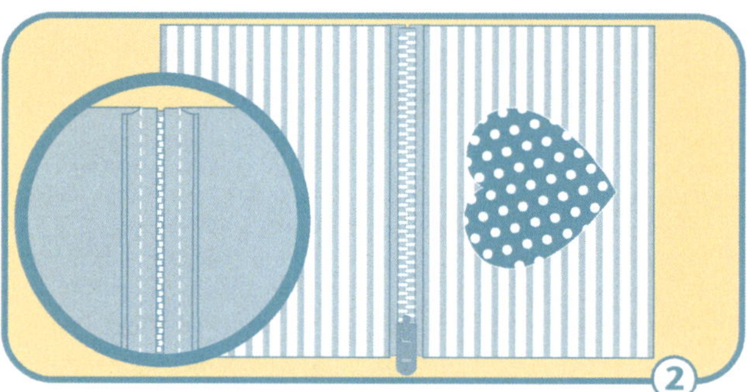

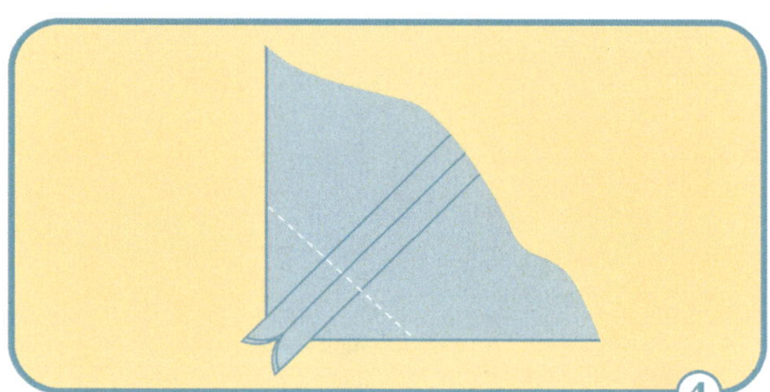

Un delantal vintage

Este bonito delantal es muy sencillo de confeccionar y queda fenomenal colgado en la cocina. También es buena idea como regalo y puedes hacer infinitas versiones utilizando tela tipo "vintage" para los bolsillos o los apliques decorativos.

Necesitarás:

Una pieza de tela de 90 x 75 cm (35½ x 30 in).
1 trozo grande de papel cuadriculado para patrones.
Encontrarás la guía de corte de la tela en la página siguiente.

Cómo coserlo:

Paso 1: Crea un patrón sencillo para las piezas de tela con el papel cuadriculado, disponlo de la manera apropiada y corta (ver la guía de corte en la página siguiente). Haz un dobladillo de 1 cm (1/2 in) en los 3 lados de la pieza de tela principal del delantal y luego pásale la plancha y cose. Ya sea a mano o a máquina con puntadas rectas lo más largas posible, hilvánalo dejando los hilos sueltos a ambos extremos. Tira con delicadeza de los hilos para fruncir ligeramente la parte superior del delantal.

Si le vas a añadir bolsillos o ribetes, hazlo ANTES de fruncir el delantal. En el caso de los bolsillos, haz un dobladillo en la parte superior de cada uno de ellos y sujétalos con alfileres en el sitio donde van; mete los bordes hacia dentro 1 cm (1/2 in) para conseguir un buen acabado. Cose los 3 bordes. Ahora tira con cuidado de los hilos sueltos para realizar el fruncido hasta que la parte superior del delantal tenga una anchura de unos 40 cm (16 in).

Paso 2: Haz un doblez de 1cm (1/2 in) hacia dentro en todos los bordes de la banda de la cintura (primero los laterales, luego la parte superior e inferior) y plánchalos. Coloca el delantal fruncido (con el lado BUENO mirando hacia ti) sobre el borde doblado de la banda de la cintura y cose.

Paso 3: A la hora de hacer los lazos, corta un extremo en diagonal para que quede en ángulo. A continuación, haz un dobladillo en este extremo y a lo largo de los dos laterales largos, planchándolos primero y luego cosiéndolos. Cose un pequeño pliegue en el otro extremo del lazo. Introducirás dicho pliegue en el interior de la banda de la cintura.

Paso 4: Con el lado bueno del delantal todavía mirando hacia ti, hazle un doblez a la banda de la cintura también hacia ti y sujétalo con alfileres. Mete los extremos de los lazos que tienen el pliegue a través de las aberturas de cada extremo de la banda de la cintura y cóselos. Por ultimo, cose a lo largo de la longitud del borde inferior de la banda de la cintura.

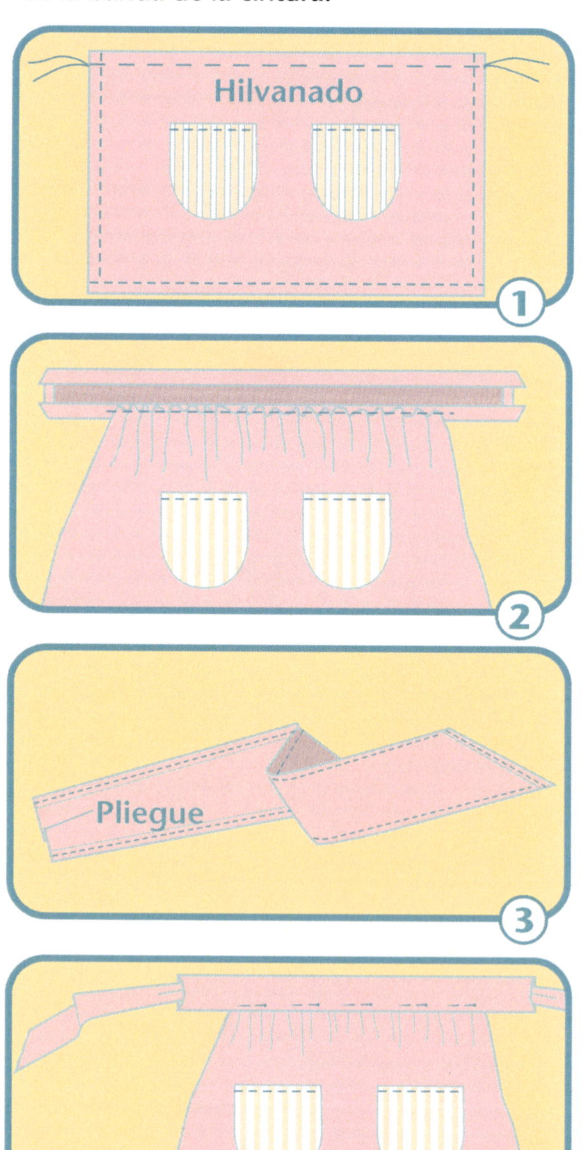

Guía de corte de la tela:
90 cm
Pieza de tela principal
del delantal
45 cm
70 cm
Lazo
70 cm
Lazo
60cm
Banda de la cintura
10 cm
10 cm
10 cm

Cojines a tu gusto

Necesitarás:

¿Qué tamaño tiene el cojín para el que quieres hacer la funda? Mide los lados. A continuación, corta la tela de la siguiente manera:

Parte frontal de la funda: añádele 5 cm (2 in) más al largo de cada uno de sus cuatro lados.

Parte trasera de la funda: corta un trozo de tela 20 cm (10 in) más largo que el cuadrado frontal.

Cómo coserlo:

Paso 1: Corta la tela con el tamaño deseado. Si tu cojín es de 50 x 50 cm (20 x 20 in), puedes utilizar las medidas del diagrama. Coge el trozo de tela más largo, el trasero, y córtalo por la mitad para hacer dos paneles. Cose un dobladillo en uno de los lados largos de cada uno de los paneles.

Paso 2: Si quieres decorar tu cojín, hazlo ahora en el panel frontal, ANTES de coserlo.

Paso 3: Extiende el cuadrado frontal sobre la mesa con la parte decorada hacia arriba. Coloca uno de los paneles traseros, boca abajo, con el dobladillo mirando hacia el centro. Extiende el segundo panel encima de la misma manera. Sujétalo todo con alfileres y luego cose los laterales del cuadrado a 2 cm (¾ in) del borde de la funda del cojín.

Paso 4: ¡Ya puedes darle la vuelta a tu cojín para que se vean los lados buenos y meterle el relleno!

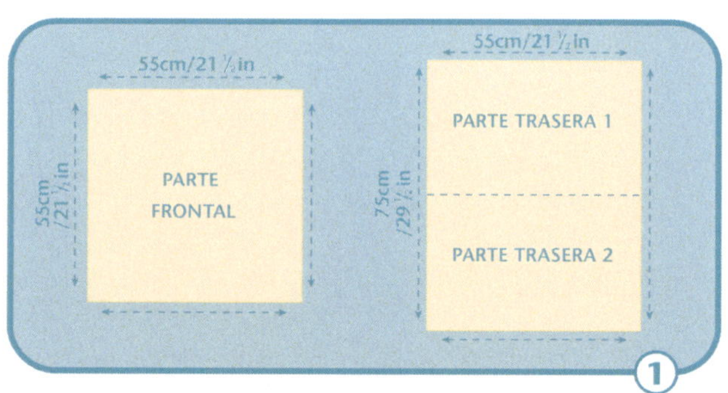

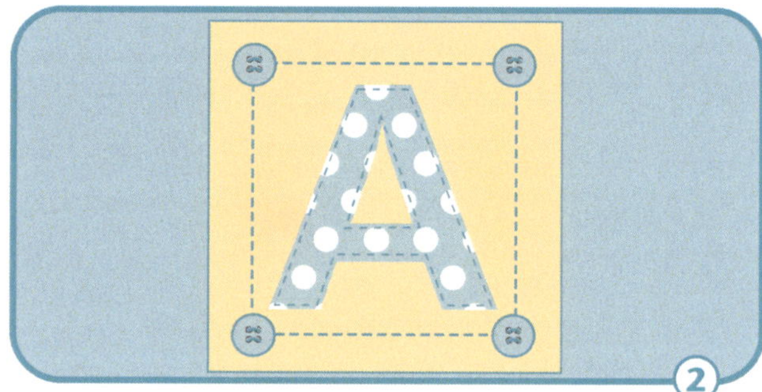

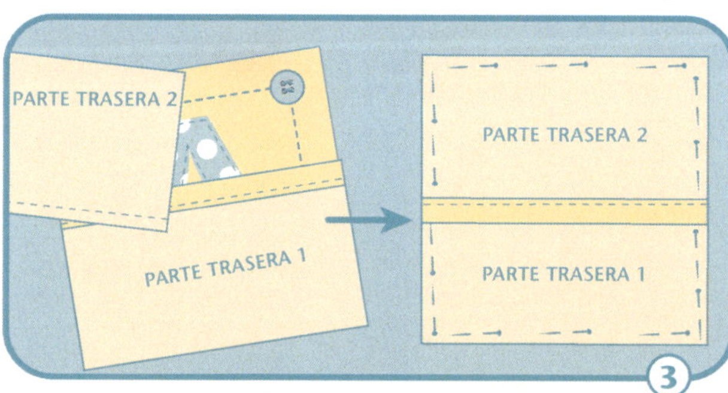

BEN
A
DAIS

Banderitas

Necesitarás:

Varias telas

Fieltro para letras, si las quieres

Una lazada, de la longitud que desees, de donde irán colgadas

Cómo coserlas:

Paso 1: Utiliza el patrón que te suministramos para recortar los triángulos que harán de banderitas.

Si vas a poner un nombre en ellas, corta una para cada letra del nombre que desees, además de las que vayan a los lados del mismo, ya sean estampadas o de un color liso. Intenta colocar el patrón de modo que saques un gran número de triángulos de tu pieza de tela y no la desperdicies.

Paso 2: Coloca el lado BUENO del triángulo de tela hacia abajo sobre la mesa y gira los bordes hacia ti. Hazlo en los 3 laterales del triángulo. Plánchalos para que se queden en su sitio, luego sujétalos con alfileres y por último cóselos.

Paso 3: Una vez que le hayas hecho el dobladillo a todos los triángulos, cose las letras del nombre en ellos, si lo deseas.

Paso 4: Dispón los triángulos en la lazada de manera que la mitad de tu nombre quede a la altura de la mitad de la lazada. Sujeta los triángulos que tienen las letras con alfileres. Luego añade el resto de triángulos que quieras colocar a ambos lados del nombre. Deja un trozo de lazada a ambos extremos para poder colgarla.

¿Ha quedado todo bien colocado? ¿Están todos los triángulos sujetos con alfileres en su sitio? Si es así, procede a coserlos a la lazada con cuidado de que queden bien sujetos.

¡Ya está! ¡Ya puedes colgar tus banderitas!

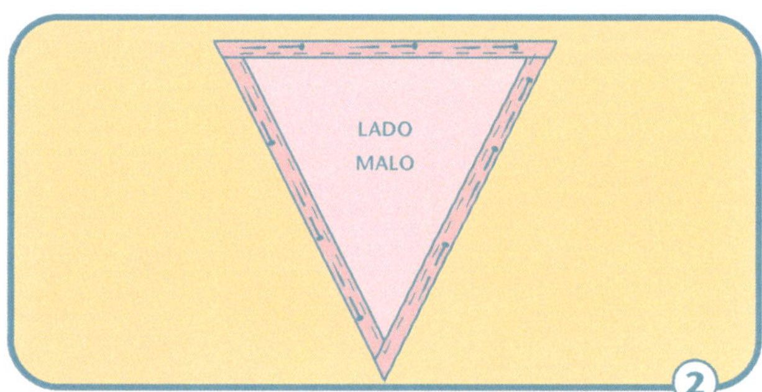

Corazones aromáticos

Necesitarás:

Varias telas
Relleno para juguetes
Lavanda seca

Cómo coserlos:

Paso 1: Sujeta con alfileres la plantilla de corazón sobre dos capas de tela que tengan los lados buenos tocándose. Corta la silueta del corazón dejando un pequeño margen de costura.

Paso 2: Inserta con cuidado dos trozos de lazo dentro del corazón de manera que los extremos se asomen. Esto servirá para colgarlo una vez que esté terminado. Cose a máquina con cuidado el contorno del corazón.

Paso 3: Dale la vuelta al corazón para que queden los lados buenos fuera y rellénalo. Si quieres un corazón aromático, ahora es cuando tienes que añadir también la lavanda. Cóselo con pequeñas puntadas invisibles. ¿Ves cómo el lazo ahora queda fuera?

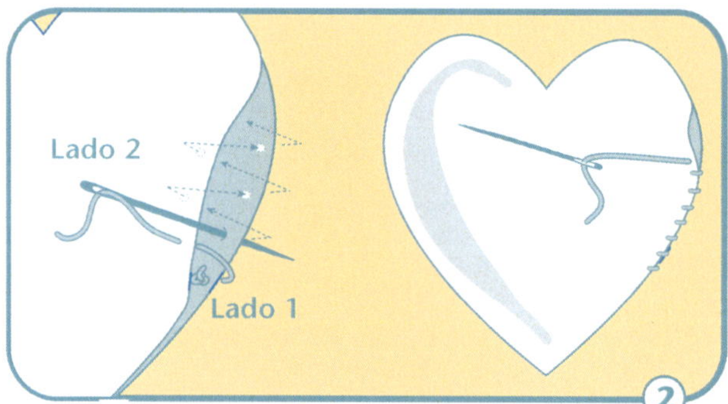

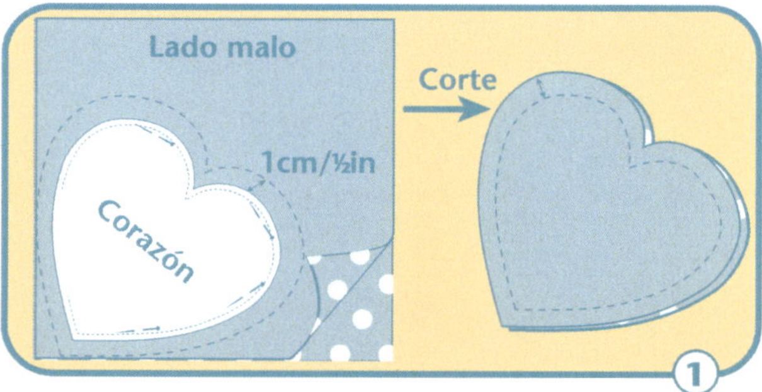

Falda pareo

Necesitarás:

Ancho de la tela: Mide tu contorno justo por encima de la cadera, debajo de la cintura. Multiplica por dos esta medida. Este será el ANCHO de la tela.

Longitud de la tela: Mide desde tu cintura el largo que deseas que tenga la falda y añádele 8 cm (3 in).

Lazo: 2 trozos de lazo de 1 m (1 yd) y entre 2 y 4 cm (¾ -1 ½ in) de ancho.

Cómo coserla:

Paso 1: Corta la tela como se detalla anteriormente y plánchala hasta que no tenga arrugas. Con el lado MALO hacia arriba, dobla cada uno de los dos laterales cortos hacia ti unos 2 cm (¾ in). Plánchalo todo para que se quede en su sitio y luego cóselo. Repítelo para que el dobladillo quede bien terminado.

Paso 2: Haz lo mismo con los dos bordes largos de la tela; estos conformarán la cintura y el dobladillo de la falda. Dobla 2 cm (¾ in) hacia ti, plancha y cose para que quede un dobladillo bien terminado.

Paso 3: Ahora tenemos que hacer una jareta en la banda de la cintura de la falda lo bastante grande como para poder pasar el lazo por dentro. ¿Qué anchura tiene tu lazo? Añádele 2 cm (¾ in) a este número, dobla esta cifra de tela del borde superior hacia ti y plancha. Por ejemplo, si tu lazo tiene 3 cm (1 ¼ in) de ancho, confecciona una jareta de 5 cm (2 in). A continuación, cose esta jareta, asegurándote de que las puntadas están cerca del borde de la tela que tiene el dobladillo (para que la jareta al final sea lo bastante grande como para que quepa bien el lazo).

Paso 4: Coge los dos trozos de lazo (1 m/yd cada uno) y cose un pequeño dobladillo en un extremo de cada uno de ellos. Ahora mete el extremo sin preparar de uno de los trozos de lazo en uno de los extremos de la jareta, dejando unos 3 cm (1 ¼ in) del mismo dentro de ella. Ahora cóselo para que se quede en su sitio. Haz lo mismo en el otro lado. Ahora solo queda comprobar si quedan alfileres sueltos antes de probarte la falda. ¡Ya está lista!

Falda sencilla

Necesitarás:

Cinta elástica: 2 cm (¾ in) de ancho y aproximadamente el mismo largo que mida tu cintura.

Tela: Mide el contorno de la parte más ancha de tu cadera y añádele 10 cm (4 in). Divídelo entre 2. Este número será el ancho de cada pieza de tela que cortes para tu falda. Mide también el largo que deseas que tenga la falda, desde la parte superior de tu cintura hasta donde quieres que llegue.

Añádele 6 cm (2 ½ in) para la jareta y el dobladillo. Ahora corta dos trozos idénticos de ancho y largo. Estos conformarán los paneles frontales y traseros de tu falda (¡asegúrate de que cortas ambas piezas con los hilos o el estampado en la misma dirección!)

Nota: Si quieres que tu falda sea más ancha, más fruncida y con más pliegues, aumenta unos centímetros el ancho de la pieza de tela que cortes.

Cómo coserla:

Paso 1: Empieza cosiendo con punto de zigzag todos los bordes de la tela para prepararla y que no se deshilache. Coloca los paneles de la falda con los lados buenos tocándose y cose desde la parte superior a la inferior a lo largo de cada una de las costuras laterales, como 1 cm (½ in) hacia dentro desde el borde. Ahora ya tienes una falda tipo tubo, falta hacer la jareta de la cintura y el dobladillo.

Paso 2: Para hacer la cubierta de la cintura elástica, coge con alfileres una jareta de 4 cm (1 ½ in) alrededor de la parte superior de la falda, dejando un hueco de 3 cm (1 ¼ in) cerca de una de las costuras laterales.

Paso 3: Corta un trozo de cinta elástica que tenga una longitud 2 cm (3/4 in) menor que el contorno de tu cintura. Engancha un imperdible a uno de los extremos y utiliza otro para ir guiando la cinta elástica por dentro de la jareta, frunciendo la falda conforme avanzas. Cuando llegues al final, sujeta el extremo de la cinta con otro imperdible y pruébate la falda. Cuando estés conforme con la tirantez de la cintura, cose a máquina un extremo de la cinta elástica a otro. Cose y cierra el hueco.

Paso 4: ¡Ya solo queda sujetar con alfileres el dobladillo y coserlo!

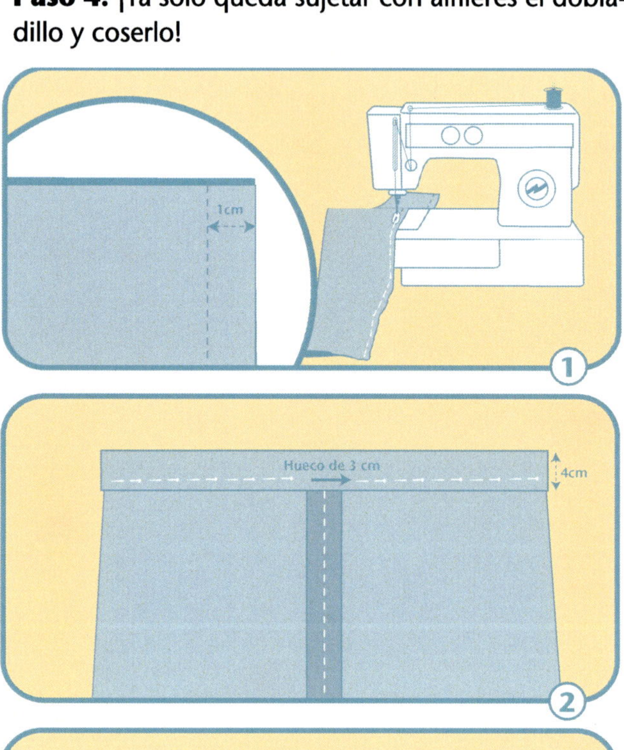

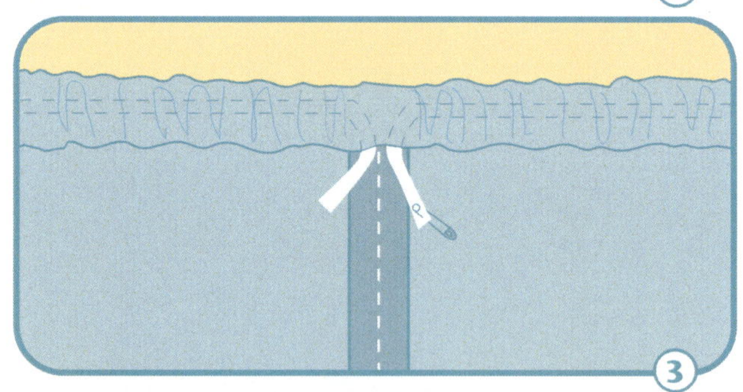

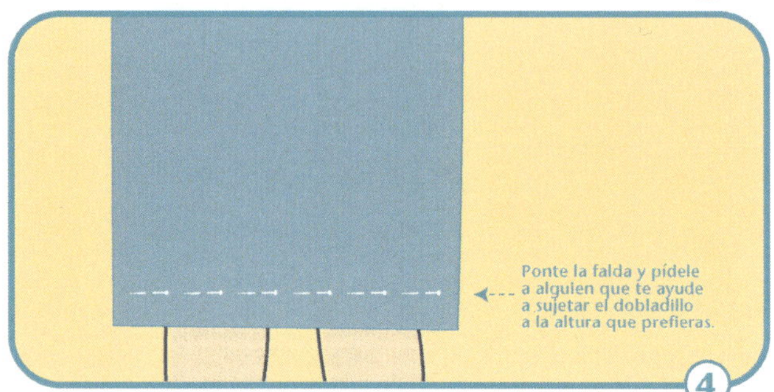

¡Fácil de
confeccionar
en cualquier
talla!

Falda de tela de camiseta

Necesitarás:

Una camiseta grande; cuanto más grande sea, más suelta será tu falda (¡asegúrate de que se adapta bien a tu cadera y trasero!).

Una cinta elástica de 2 cm (¾ in) de ancho y de aproximadamente el mismo largo que mida tu cintura.

2 imperdibles grandes.

Cómo coserla:

Paso 1: Coloca tu camiseta bien estirada sobre una superficie lisa. Asegúrate de que ni la parte delantera ni la trasera tienen arrugas. Utiliza una regla para marcar una línea recta desde debajo de una manga a otra, es decir, a la altura de la axila. Ahora corta las dos capas de tela siguiendo la línea.

Paso 2: Dale la vuelta al tubo de tela de camiseta que queda como resultado y pruébatelo. Gira hacia afuera la tela que sobre de la cintura, hasta que el dobladillo inferior de la camiseta quede a la altura del largo que deseas que tenga la falda al final. Sujétala con alfileres y quítate la "falda".

Paso 3: Ahora tenemos que elaborar una jareta para la cinta elástica de la cintura. Si la tela que has girado hacia fuera tiene más de 5 cm (2 in), recórtala hasta que tenga esta medida. Con la camiseta todavía del revés, dobla 1 cm (½ in) de tela y pásale la plancha. A continuación, vuelve a doblar 3 cm (¼ in) más, plancha el doblez y cóselo para que quede en su sitio, cerca de la parte inferior de la jareta, dejando un hueco para meter el elástico.

Paso 4: Engancha un imperdible a uno de los extremos de la cinta elástica y utilízalo para guiarla a través de la jareta. Cuando saques la cinta elástica por el otro extremo de la jareta, une las puntas solo con el imperdible por el momento. Pruébate la falda, ajusta la cinta elástica de manera que te encuentres cómoda y cósela.

¡Ya tienes qué ponerte para ir a la playa!

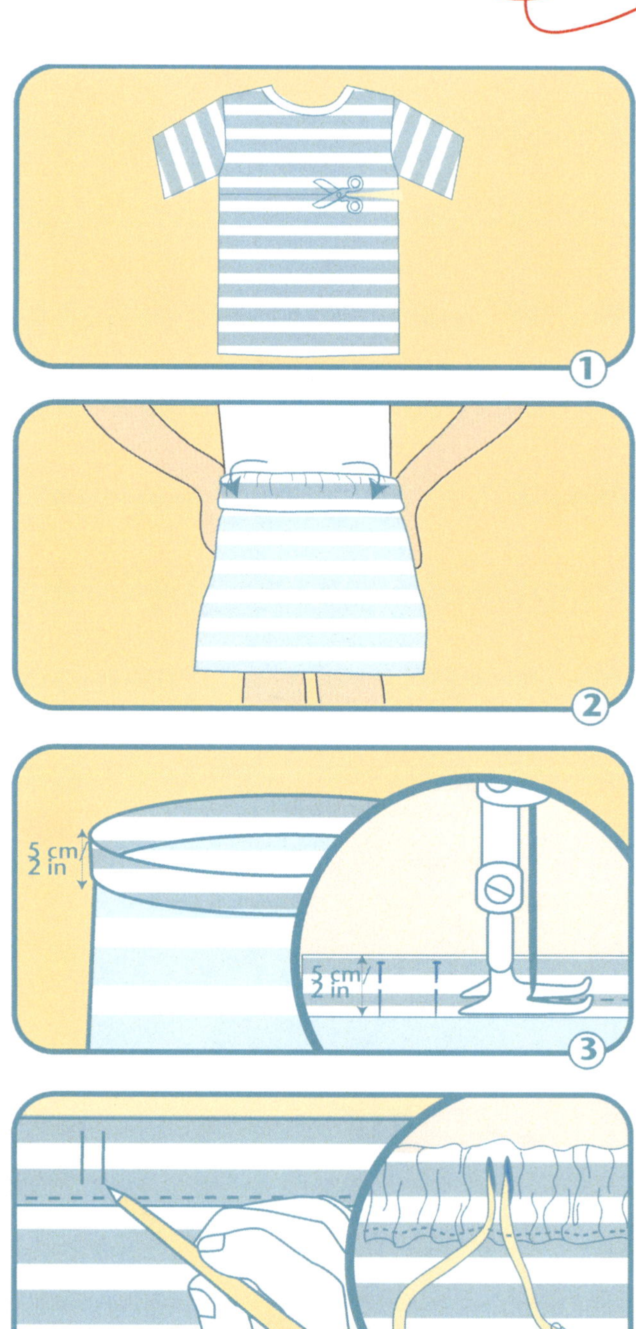

Vestido de tela de camisa

Necesitarás:

Una camisa de hombre, talla grande.

Cinta elástica de 2 cm (2/4 in) de ancho y una regla.

Cómo coserlo:

Paso 1: Plancha la camisa y colócala en una superficie plana, con los botones abrochados. Asegúrate de que la parte delantera y trasera están una directamente sobre la otra con las costuras de los botones exactamente donde tienen que estar. Utiliza una regla para marcar una línea recta de debajo de una manga a debajo de la otra. Corta.

Paso 2: Ahora mismo tienes en tus manos un "tubo" hecho de tela de camisa, así que hay que hacerle una jareta en la parte superior por donde puedas introducir la cinta elástica que sostendrá el futuro vestido en su sitio. Dale la vuelta al tubo para que quede del revés y dobla la tela 1 cm (½ in) hacia ti. Plancha, sujeta con alfileres y cose con cuidado un dobladillo alrededor del tubo. Vuelve a hacer lo mismo, esta vez doblando 3 cm (1 ¼ in) de tela. Plancha, sujeta con alfileres y cose, asegurándote antes de que la costura queda cerca del borde de la tela de manera que haya espacio dentro de la jareta para la cinta elástica que vas a insertar dentro de ella. Deja de coser justo antes de llegar al punto donde comenzaste.

Paso 3: Mide el contorno sobre tu pecho, justo debajo de las axilas, y añádele 5 cm (2 in) a esa medida. Corta un trozo de cinta elástica que tenga dicho tamaño. Engancha un imperdible a uno de los extremos y utilízalo para guiar la cinta elástica a través de la jareta. Cuando salga por el otro lado de la jareta, utiliza el imperdible para sujetar temporalmente las puntas.

Paso 4: Dale la vuelta para que quede del derecho y pruébate el vestido. Ajusta la cinta elástica de la parte del pecho para que te quede cómoda. Luego cose las puntas de la cinta elástica.
¿Qué tal ha quedado el vestido de largo? Si es muy corto, ¡lo puedes utilizar también como parte de arriba con vaqueros!

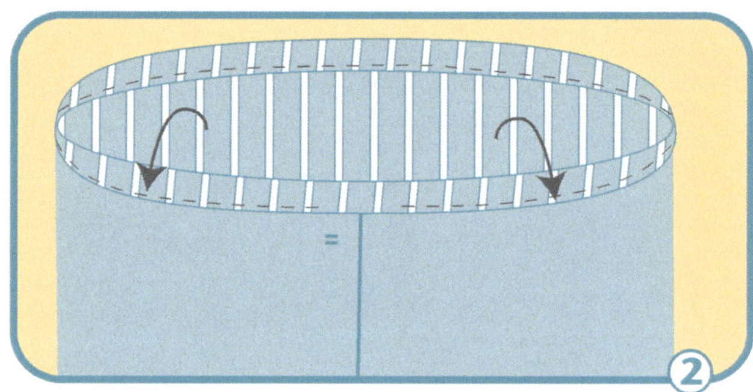

Pantalones cómodos

Antes de utilizar un patrón de costura "real", puedes hacerte uno simple con ayuda de unos pantalones o un pijama que tengas por ahí. Ayudará a que te acostumbres a utilizar patrones y ADEMÁS, ¡acabarás con unos cómodos pantalones de estar por casa!

Necesitarás:

Una hoja grande de periódico, papel marrón de paquetería o folios de papel blanco unidos con cinta adhesiva.
Unos vaqueros o pantalones de tu talla.

2,5 m/2⅔ yds o 1,5 m/1⅔ yds de tela de 115 cm (45 in) de ancho.

Cinta elástica: 2 cm (¾ in) de ancho x la medida de tu cintura, más 5 cm adicionales.

Cómo coserlos:

Paso 1: Dobla tus pantalones por la mitad de manera que coincidan las perneras una encima de la otra con la zona de la entrepierna hacia fuera. Colócalos encima del papel sobre una superficie lisa. Traza una línea alrededor de los pantalones y luego otra segunda línea alrededor a 2,5 cm (1 in) de la primera, EXCEPTO por encima de la cintura, donde tienes que dibujar la línea a 4 cm (1 ½ in) de distancia. Corta el patrón de papel por la línea de FUERA.

Paso 2: Extiende la tela, con el lado bueno hacia arriba, sobre una superficie plana. Haz un doblez desde la izquierda hasta que el trozo de tela doblado sea ligeramente más ancho que el patrón de papel. Extiende el borde largo y liso de tu patrón a lo largo del doblez que has hecho en la tela. Sujeta con alfileres todo el contorno del patrón.
Corta alrededor del patrón ambas capas de tela. A continuación, repite el proceso con la tela que queda (dobla, coloca el patrón, sujeta con alfileres y corta).

Paso 3: Quita los alfileres y el patrón. Ahora tienes dos piezas idénticas de tela. Pon los lados BUENOS juntos y asegúrate de que los bordes coinciden y están al mismo nivel.

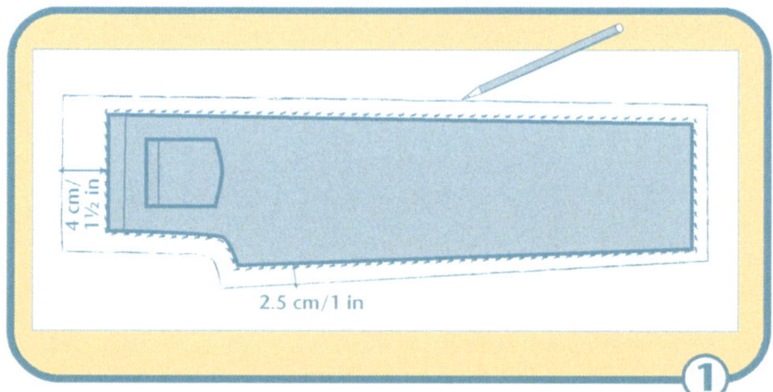

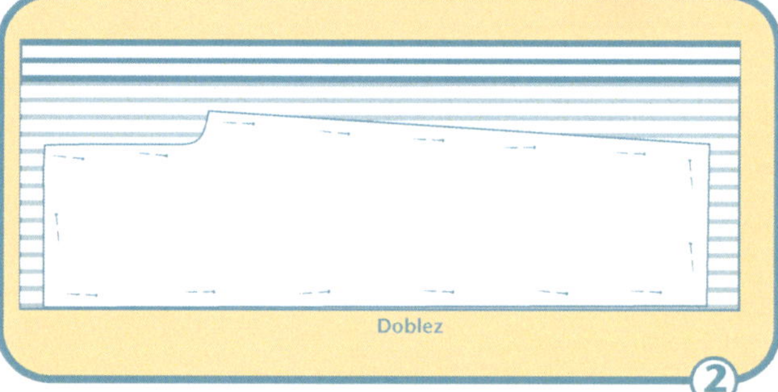

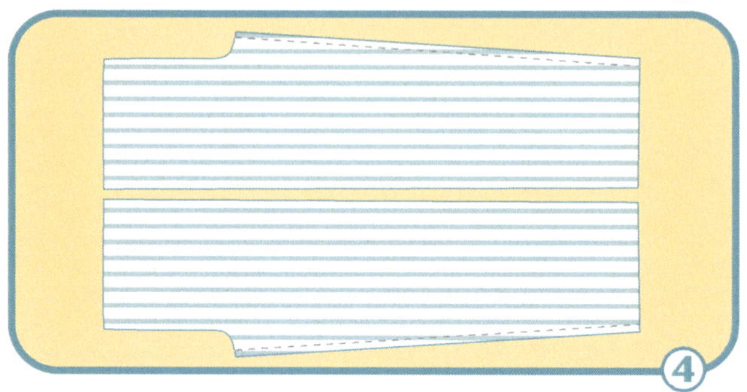

Luego sujeta con alfileres desde debajo de la entrepierna hasta la parte inferior de la pernera del pantalón. Hazlo en ambas piezas.

Paso 4: Ahora cose desde debajo de la entrepierna hasta la parte inferior de la pernera. Asegúrate de que las puntadas forman una costura recta y de que se encuentra a 1 cm (½ in) del borde. Ve quitando los alfileres conforme coses. Ahora ya tienes dos "perneras de pantalón".

Paso 5: Dale la vuelta a una de las perneras dejando el lado BUENO hacia fuera. Luego métela dentro de la otra de modo que las curvas de la entrepierna coincidan.

Paso 6: Ahora cose la costura de la entrepierna, de nuevo dejando un 1 cm (½ in) de margen. Repite, cosiendo una segunda costura encima de la primera, para que esta zona quede más fuerte. Luego saca una pernera de la otra, pero deja los pantalones del revés (con el lado MALO a la vista).

Paso 7: Es hora de hacer la jareta de la cintura de tus pantalones. En primer lugar, haz un doblez de 1 cm (½ in) por encima del lado malo y plánchalo para que se quede en su sitio. Luego vuelve a doblar, esta vez 2,5 cm (1 in), plancha y sujétalo con alfileres. Empezando desde la costura de uno de los laterales, cose alrededor de la jareta. Asegúrate de que las puntadas se encuentran cerca del borde inferior de la tela (tienes que dejar un "túnel" lo bastante grande en la jareta como para que quepa dentro la cinta elástica). Quita los alfileres conforme vayas cosiendo. Cóselo todo hasta que estés casi en el punto donde comenzaste, pero no llegues al final. Deja como 2,5 cm (1 in) de espacio libre.

Paso 8: Mídete la cintura y súmale 5 cm (2 in). Corta un trozo de cinta elástica que tenga este tamaño. Engancha un imperdible a

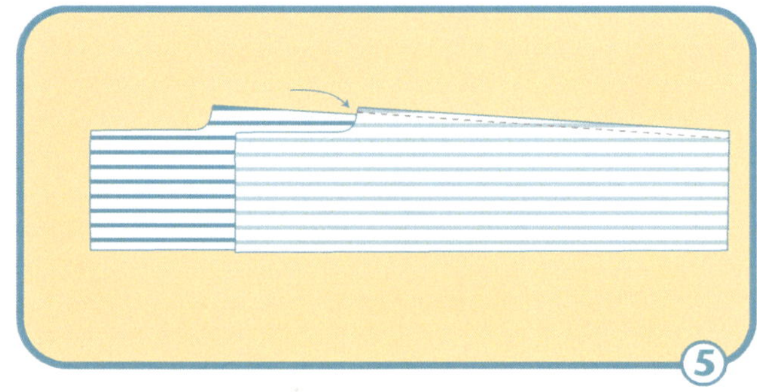

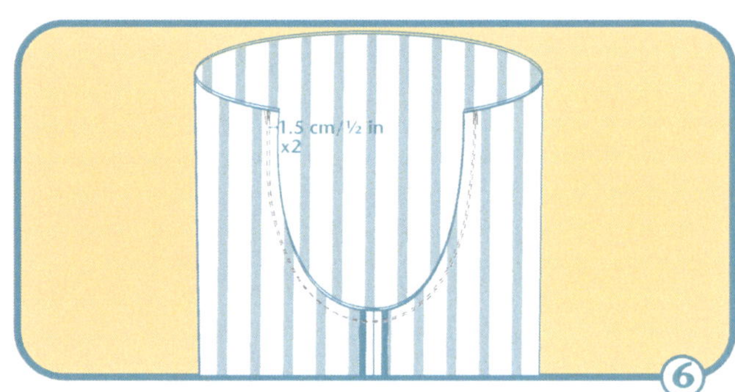

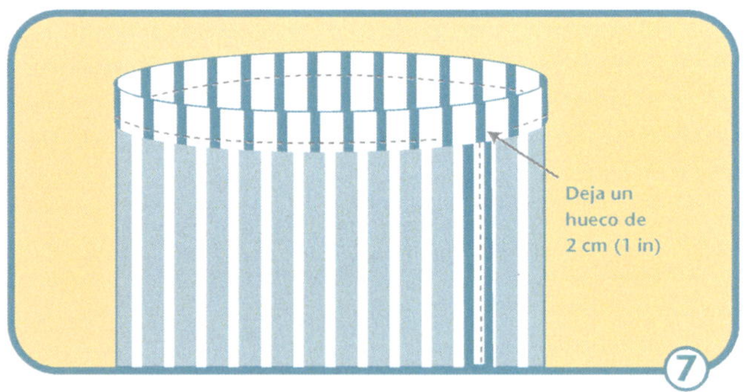

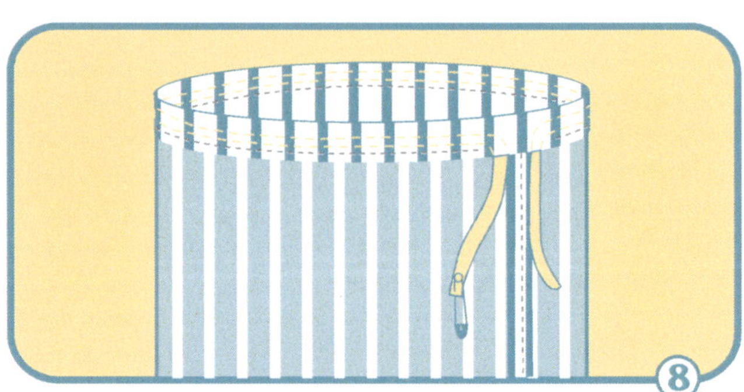

un extremo y utilízalo para guiar la cinta elástica a través del interior de la jareta. Cuando el elástico salga por el otro lado, une de manera provisional ambas puntas del mismo con un imperdible.

Paso 9: Pruébate los pantalones y ajusta la cinta elástica hasta que notes que te quedan cómodos. Sujétala con un imperdible. Quítate los pantalones y cose la cinta elástica a máquina. Haz un par de costuras superpuestas para que no se descosa. Por último cose el hueco para cerrarlo.

Paso 10: ¿Tienen los pantalones el largo correcto? Vuelve a probártelos de nuevo, dados la vuelta, y ajusta el dobladillo a la altura que prefieras. Corta la tela que sobre hasta que queden solo 3,5 cm (1 ½ in). Primero haz un doblez de 1 cm (½ in) y plánchalo. Luego haz otro de 2,5 cm (1 in), plánchalo y sujétalo con alfileres.

Paso 11: Cóselo todo cerca del borde interior. Ya le has hecho el dobladillo a los pantalones.

Comprueba que no te has dejado ningún alfiler puesto... ponte los pantalones... ¡y relájate!

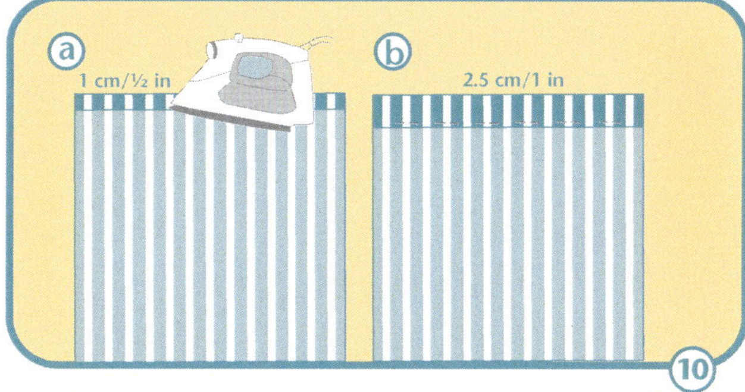

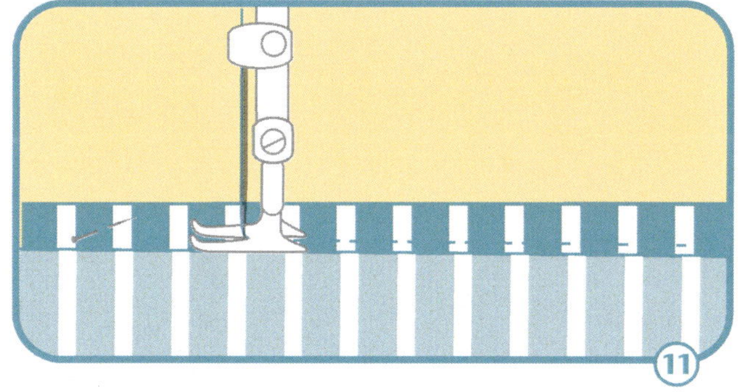

Puedes hacer pantalones de diferentes tamaños y estilos: bermudas, pantalones cortos, piratas...¡un vestuario entero lleno de posibilidades!

Patrones

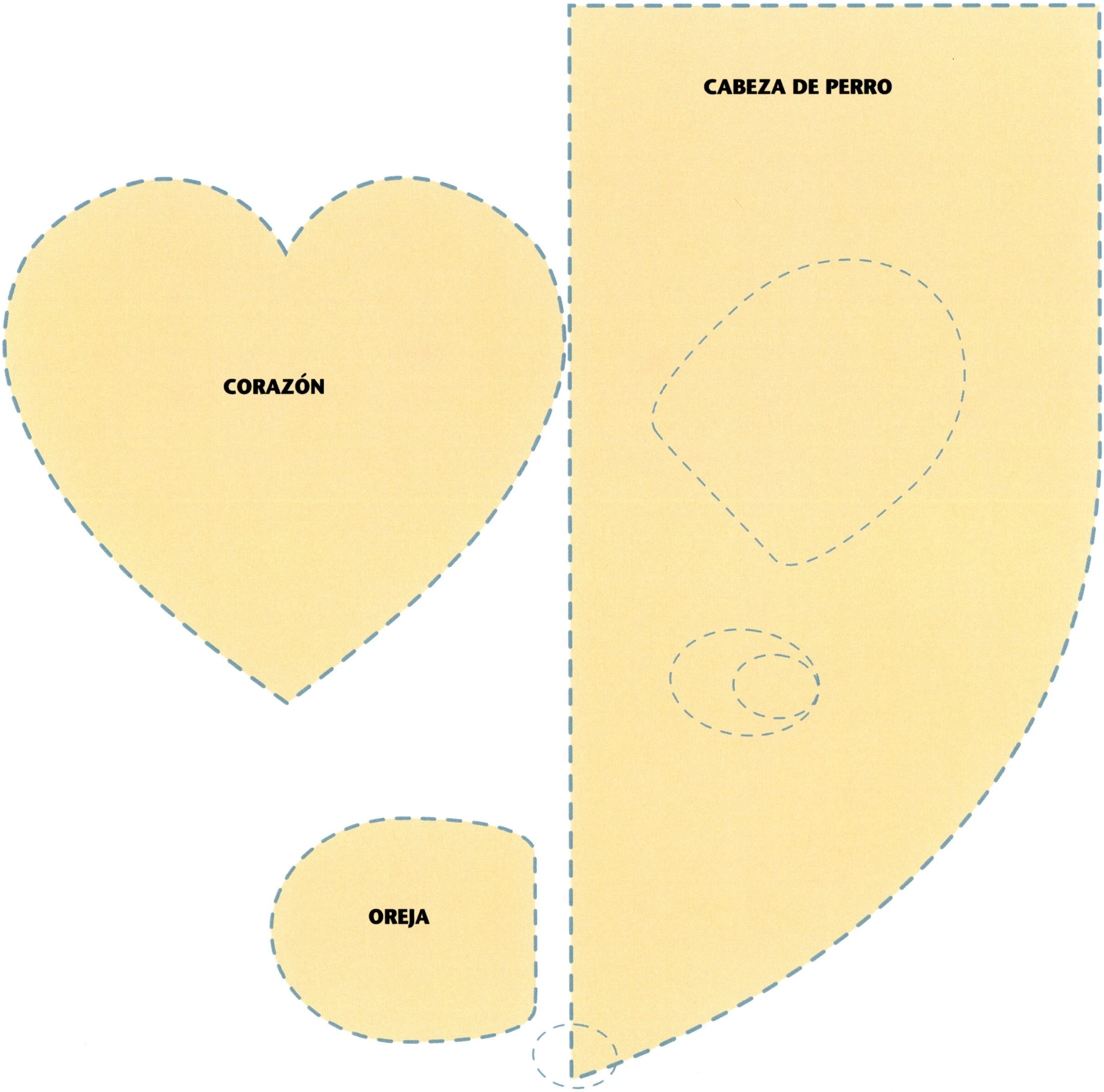

CABEZA DE PERRO

CORAZÓN

OREJA

BOLSILLO DEL DELANTAL

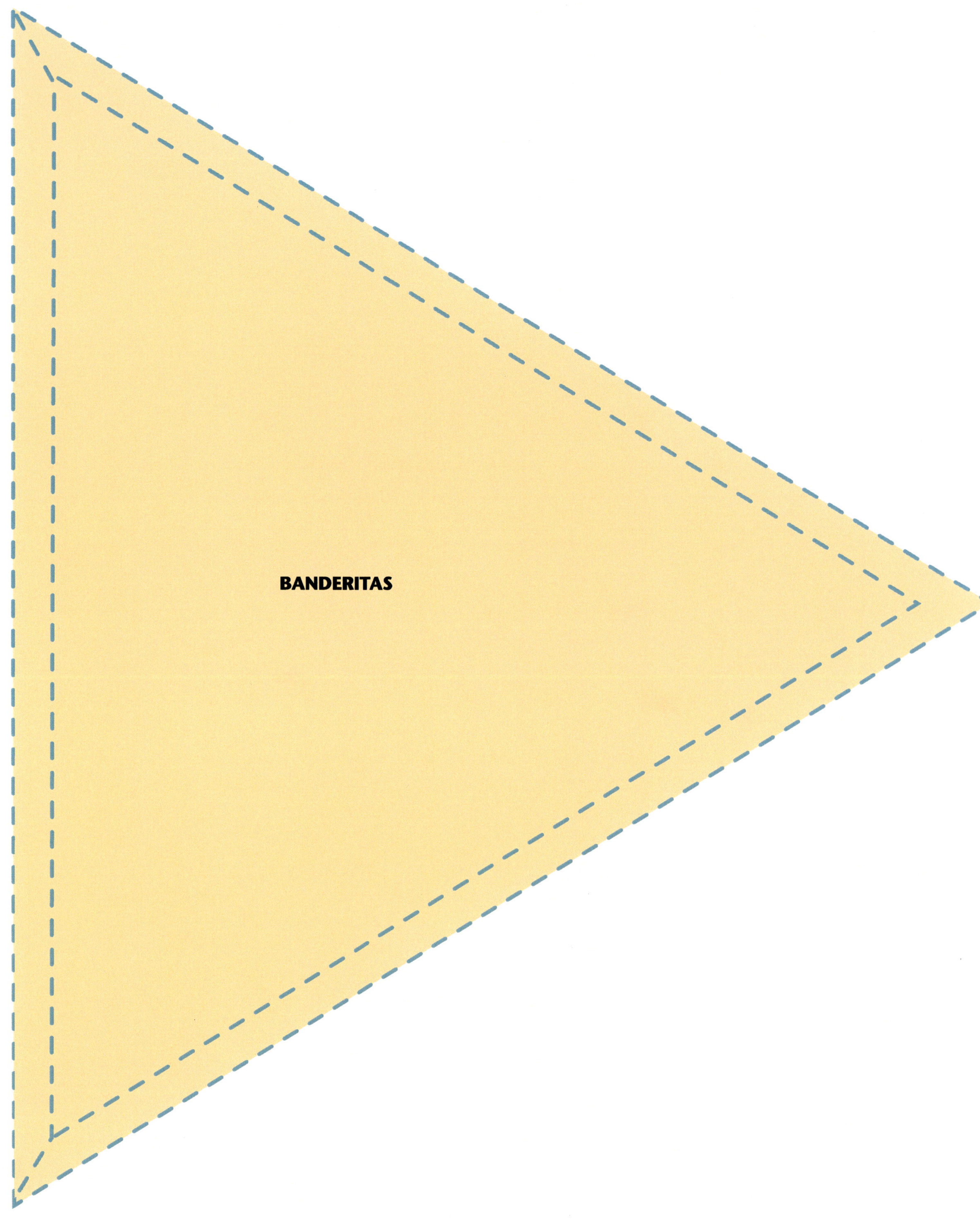
BANDERITAS

37318830R00034

Made in the USA
San Bernardino, CA
15 August 2016